Bernd Kuhlmann

Die normalspurige Müglitztalbahn Heidenau – Altenberg

Nebenbahndokumentation Band 54

Verlag Kenning

Inhalt

4 **Wir fahren mit der Müglitztalbahn**

Umbau zur Normalspurstrecke
24 Warum Normalspur? Welche Linienführung?
26 Die geplante Betriebstechnologie
27 Eröffnung mit Hindernissen

Bahnanlagen – Signale – Betriebsführung
28 Steigungen und Krümmungen
31 Die Lokomotivverbote
33 Sicherungsanlagen
38 Die Rationalisierung

Der Fahrzeugeinsatz auf der Müglitztalbahn
44 Die Baureihe 84
49 Die Einsätze der Baureihe 84
55 Die „Altenberger Wagen"
61 Fahrzeugeinsatz in den Kriegs- und Nachkriegsjahren
62 „Donnerbüchsen" und die Baureihe 86
63 Die „Altenberger" kehren zurück
64 Fahrzeugeinsatz in den 60er Jahren
65 Zugförderung mit Diesellok
66 Nach dem Traktionswechsel
68 Triebwagen im Müglitztal

Der Zugverkehr und die Natur
70 Trotz Neubau gestreckte Fahrzeiten
71 Alles was fahren kann
72 „Aufschwung" mit der Wismut
73 Und wieder Hochwasser!
75 Alle 30 Minuten ein Zug!
76 Eisenbahnwinter im Osterzgebirge
78 Hilfe der Schlamm kommt!
79 Traktionswandel
82 Mit Sonderzügen ins Müglitztal
83 Im Güterverkehr bergab / Trotz Taktfahrplan und 1. Klasse keine vollen Züge
84 Regionalisierung: Leere Züge – leere Kassen

87 **Der Förderverein für die Müglitztalbahn e.V.**
88 **Quellenverzeichnis, Mitarbeiter**

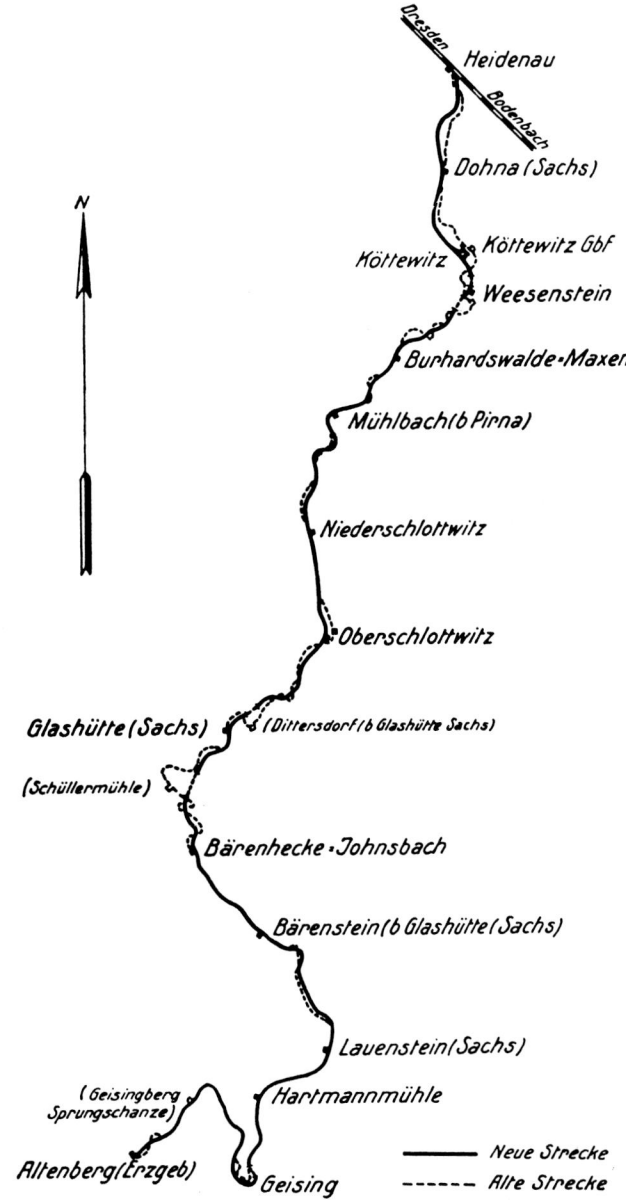

Quelle: „Reichsbahn" 1939

Verlag Kenning

Dipl.-Ing. Ludger Kenning, Borkener Hof 1, D-48527 Nordhorn, Tel. 05921 76996, Fax 77958
E-Mail: kenning@firemail.de
Internet: www.verlag-kenning.de

ISBN 3-933613-08-6

Copyright 2000 by Verlag Kenning (Nordhorn). Alle Rechte, auch das des auszugsweisen Nachdrucks, der fotomechanischen Reproduktion (Foto- oder Mikrokopie) und das der Übersetzung vorbehalten.

Titelbild: Eine klassische Zugkomposition der Müglitztalbahn ist dieser aus sechs Mitteleinstiegswagen gebildete und von einer 84er nach Altenberg geführte Stammzug vor der Kulisse des Weesensteiner Schlosses. Gez.: Peter König
Seite 1: Anläßlich des 100-jährigen Bestehens der Müglitztalbahn im Jahr 1990 fuhren Sonderzüge zwischen Dresden bzw. Heidenau und Altenberg. Am 6. Juli erreichten die 50 3616 und 86 049 den Ortseingang von Bärenhecke. Foto: Rainer Heinrich
Rückseite: Blick vom Weesensteiner Tunnel auf die Haltestelle und den durchfahrenden Sonderzug vom 6.7.1990. Foto: Rainer Heinrich

Vorwort

Vor über 60 Jahren wurde die Müglitztalbahn Heidenau – Altenberg im Osterzgebirge von Schmal- auf Normalspur umgebaut und dabei überwiegend neu trassiert. Da mit dem Aufblühen des Wintersports das Beförderungsaufkommen der Schmalspurbahn rasch zunahm, mehrten sich die Zusammenstöße an den Bahnübergängen. Ständig wiederkehrende Hochwasser gaben den Ausschlag, die Strecke neu anzulegen statt auf vorhandener Trasse umzuspuren. Geschickt priesen 1934–39 die braunen Machthaber das Bauvorhaben als Renommierobjekt an, mit dem viele Arbeitslose Beschäftigung fanden. Ein Felssturz verschob die Eröffnung der Normalspurstrecke auf den 24. Dezember 1938. Erst ab 26. April 1939 konnte man umsteigefrei von Dresden bis Altenberg reisen.

Einerseits verkürzte sich durch den Umbau die Streckenlänge von 41,54 auf 38,03 km, doch machten die Steigungen von 36,25 Promille die Müglitztalbahn zur Gebirgsbahn. In der Regel konnte ein vorschriftsmäßiger Gleisradius von 180 m eingehalten werden, doch oberhalb von Bärenstein kommen viermal auch Radien von 140 m vor, und das gerade in starken Steigungen. Das erforderte spezielle Dampflokomotiven (die spätere Baureihe 84) und Reisezugwagen (die Mitteleinstiegwagen der Bauart „Heidenau-Altenberg"), machte die Bahn aber auch zur Teststrecke für neue Triebfahrzeuge. Sogar Aussichtstriebwagen und Schienenbusse waren hier zu Gast, und selbst eine Insel-Elektrifizierung als Probestrecke erwog man zu DDR-Zeiten.

Gerade die Zugförderung unterlag den Bedingungen einer Gebirgsbahn, besonders als die Baureihe 84 hier nicht mehr verkehrte. Die dann eingesetzten Lokomotiven erreichten auf den starken Steigungen und in den engen Radien nicht mehr jene Geschwindigkeiten, was sich nachteilig auf den Oberbau auswirkte und zu einem höheren Schienenverschleiß führte. Schließlich unternahm man Probefahrten mit neuen Lokgattungen – häufig jedoch erfolglos. Ebenso forderte der Bremsbetrieb seine Beachtung, aber auch seinen Tribut.

Von den interessanten und wechselhaften Kapiteln der Zugförderung und des Zugverkehrs berichtet dieses Buch. Es zeigt vorwiegend Zusammenhänge zwischen lokdienstlichen, betrieblichen und baulichen Problemen auf.

Bernd Kuhlmann

Im Sommer 1939 dauerten in Dohna die Arbeiten an der neuen Bahnsteigkante noch an. Die 84 009 brachte den P 2865 von Dresden nach Altenberg. Das Empfangsgebäude im Hintergrund stammt aus der Schmalspurzeit, rechts das neue Stellwerk.   *Foto: Hans-Joachim Simon*

Wir fahren mit der Müglitztalbahn

Im Mai 1999 führte die Chemnitzer 50 3648 mehrere Sonderzüge nach Altenberg (Weesenstein, 16.5.1999). Foto: Ludger Kenning
Unten: Die Müglitztalbahn wird gern für Sonderfahrten genutzt, wie hier mit der Löbauer 52 8141 (Weesenstein, 7.2.1998). Foto: Tino Eisenkolb

Wer heute mit dem Zug zum Wintersport ins Osterzgebirge fährt, denkt wohl kaum daran, daß es gerade die Müglitztalbahn war, die vor 100 Jahren dem Schneeschuhlaufen hier zum Durchbruch verhalf. Ähnlich wie im Schwarzwald waren auch hier Norweger die ersten Skilauf-Enthusiasten. Die damals an der Technischen Hochschule Dresden studierenden Skandinavier nutzten die günstige, ab 17. November 1890 bestehende Schmalspurbahn im Müglitztal, um regelmäßig Schneeschuh zu laufen. Die anfängliche Zurückhaltung der Osterzgebirgler gegenüber dem norwegischen Nationalsport wich allmählich, so daß in das Gründungsjahr des Deutschen Skiverbands (1905) auch die Geburtsstunde des Wintersportvereins Geising fiel, danach die des Skiclubs Oberes Müglitztal. Damit zeigt sich wiederum, welch belebenden Einfluß eine neue Bahnstrecke auf Fremdenverkehr und Wirtschaft ausübt.

Im Osterzgebirge nahm nicht nur der Wintersport rapide zu, es wurde zugleich als sommerliches Naherholungsgebiet von den Dresdenern entdeckt. Über mangelnden Fremdenverkehr konnte es sich seit jeher nicht beklagen. Dieser Zustrom war es unter anderem, der in den Jahren 1935/38 zum Bau der normalspurigen Bahn führte. Auf unserer Fahrt durch das Müglitztal werden wir vielerorts noch an die alte Trasse mit ihren Bauten erinnert. Das V-förmige Tal ließ sich gut für den

Die Lok 110 231 hält mit einem Personenzug in Geising, das durch den seit 1952 traditionellen Ski- und Eisfasching und die Curling-Weltmeisterschaft von 2000 bekannt ist. Im Hintergrund die 1689-94 erbaute barocke Stadtkirche.   *Foto: Carl-Ernst Zimmer*
Unten: Blick vom Weesensteiner Tunnel auf den Haltepunkt, wo der P 7545 einen Zwischenhalt eingelegt hat.   *Foto: Tino Eisenkolb*

*Der Zugang zum Bahnhof Heidenau nach Eröffnung der normalspurigen Müglitztalbahn auf einer Ansichtskarte.
Foto: Sammlung Gerd Ohle*

Bau der Schmalspurbahn nutzen, nur mußte diese alle Windungen ausfahren. Der Umbau war deshalb kein bloßes Umspuren, vielmehr entstand eine völlig neue Strecke. Die Inbetriebnahme sollte am 26. September 1938 stattfinden, doch verschob man den Termin wegen Bauverzögerungen auf den 22. Dezember. Zwar begann am 24. Dezember nach der Eröffnungsfahrt vom Vortag der öffentliche Verkehr, doch bestand wegen eines am 14. Dezember eingetretenen Felssturzes zwischen Niederschlottwitz und Glashütte Schienenersatzverkehr. Erst ab 26. April 1939 fuhren zwischen Dresden und Altenberg durchgehende Züge.

Auf uns wartet in Heidenau der Zug nach Altenberg zur Fahrt durch das Tal der Müglitz, die in Heidenau in die Elbe mündet. Bis zur Umbenennung im Jahr 1920 (Stadtrecht seit 1924) hieß der Ort Mügeln, der Bahnhof **Mügeln (b. Pirna)**. Er erhielt vom Gebirgsfluß seinen Namen, der unterhalb des „Toten Kindes" — einem Bergrücken bei Predí Cínovec (Böhmisch Vorderzinnwald) — auf tschechischem Gebiet in 820 m Höhe entspringt und bis zur Mündung 707 m an Höhe verliert. Unsere heutige Müglitztalbahn beginnt im **Bahnhof Heidenau** (km 0,00; 120,06 m hoch) auf historischem Boden, denn hier befanden sich früher die Gleise der Schmalspurbahn.

Die Abfahrtszeit naht und der Zugführer gibt den Abfahrauftrag. Beim Verlassen des Bahnhofs begleiten uns in einer Rechtskurve die letzten Fahrleitungsmasten der im Mai 1976 auf elektrischen Zugverkehr umgestellten Hauptstrecke Dresden – Schöna. Unsere Nebenbahn überquert auf einer Brücke die stark befahrene B 172 nach Schmilka zum Übergang nach Tschechien, vorbei an der Anfang der 90er Jahre sanierten Erlichtmühle. Dann fährt der Zug an den rechts ansteigenden Hängen des etwa 90 Mio. Jahre alten Pläner aus der Kreidezeit vorbei. Zwischen km 0,72 und 0,8 geht es durch einen kleinen Einschnitt des vor 500 Mio. Jahren entstandenen Dohnaer Granodiorits, durch den wir den im Müglitztal liegenden **Bahnhof Dohna (Sachs)** (km 2,58) erreichen. Der Zug hält am Hausbahnsteig des aus der Schmalspurzeit stammenden Empfangsgebäudes. Südlich der Bahnsteige kreuzt die Lockwitzer Straße die Bahnanlagen; der Bahnübergang nur für Fußgänger ist mit einer vom benachbarten Stellwerk aus bedienten mechanischen Vollschranke gesichert. Das beim Umbau errichtete Stellwerk wird uns in ähnlicher Art auch in Niederschlottwitz, Glashütte, Geising und Altenberg begegnen. An der Bahnhofseinfahrt zweigte bis Juni 1998 eine zum Spritzgußwerk führende Anschlußbahn ab, deren Zufahrt durch das Einfahrsignal gesichert war. 1999 erhielt der Bahnhof Dohna Lichtsignale.

Die Schmalspurbahn überquerte früher kurz vor dem Bahnhof die Müglitztalstraße und verlief danach parallel zu ihr. In der im Bf Dohna beginnenden Steigung von 25 Promille führt die Bahn auf den westlichen Talhang. Links liegt malerisch auf einem Bergsporn die alte Stadt Dohna mit Kirche und Burgruine. Die Burg – im 10. und 11. Jahrhundert Grenzfeste – war bis 1402 bewohnt, wurde dann aber zerstört. Von hier aus schob sich erst im 12./13. Jahrhundert die deutsche Besiedlung in Form von Waldhufendörfern ins Gebirge vor. Ebenfalls links erkennen wir in etwa 1 km Entfernung den Kahlbusch, ein als Härt-

Das Fluorwerk in Dohna besaß stets eigene Lokomotiven: War es 1959 noch eine zweiachsige Tenderlok (Foto links: Sammlung Barthel), so gab es später bis 1994 Dampfspeicherlokomotiven, wie hier die Lok 2 (Foto: Heinz Schwarzer, 12.11.1992). Heute stellt die DB AG die wenigen Güterwagen zu.

ling stehengebliebener Porphyrerguß, der im Kreidemeer eine Brandungsklippe bildete. Von der hohen Stahlbetonbrücke über den Sürßener Weg können wir wieder einen Blick auf die links unten befindliche alte Trasse werfen: Die Schmalspurbahn schlängelte sich erst um den Schloßberg herum an der Gaststätte „Kuxschänke" vorbei, um hier kurz vor der Wegeinmündung die Talstraße zu überqueren und dann dem Lauf der Müglitz zu folgen.

Nach kurzer Fahrt in einem Einschnitt aus Dohnaer Granodiorit bei km 3,95–4,25 am westlichen Hang passiert der Zug die **Ausweichanschlußstelle Fluorchemie Dohna** (km 4,35), bei der links ein Anschlußgleis hinab ins Müglitztal zum einstigen Güterbahnhof Köttewitz abzweigt. Diesen errichtete man auf dem Gelände des früheren Schmalspurbahnhofs, der vorwiegend die angrenzenden Betriebe erschließen, aber auch dem öffentlichen Güterverkehr für Köttewitz und Weesenstein dienen sollte. Die Anschlußbahngemeinschaft besaß früher zwei Dampfspeicherlokomotiven, heute stellt die DB AG die wenigen Güterwagen bereit und holt sie wieder ab. Für kleine Rangierbewegungen dient seit 1994 ein Straßen-/Schienenfahrzeug. Im Werksgelände fand man 1990 einen 1891 von der Firma Fuchs in Heidelberg für die Kgl. Württembergische Staatseisenbahn gebauten zweiachsigen gedeckten Güterwagen, der heute im Eisenbahnmuseum Kornwestheim zu sehen ist. Zwei weitere, um 1912 gebaute gedeckte Güterwagen des früheren Chemiewerks Nünchritz übernahm der Förderverein für die Müglitztalbahn. Sie befinden sich seit April 2000 in

Ein von der 86 548 geführter Doppelstockzug durchfährt die Felsreste des Wittichschlosses unterhalb vom Pilztunnel. Foto: Detlev Luckmann (1965)
Unten: Direkt am Haltepunkt, dessen Bahnsteig sich bis auf die Brücke erstreckt, beginnt der 240 m lange Weesensteiner Tunnel. Foto: Bernd Kuhlmann (18.12.1981)

Als im Winter 1996/97 nochmals (mit Ausnahmegenehmigung) eine 219er vor einem Wintersportzug nach Altenberg kam, sah man die auf zentrale Energieversorgung ausgelegten Doppelstock-Einzelwagen erstmals im Müglitztal. Am 12.1.1997 stand die 219 044 mit einem Wintersportzug in der Altenberger Abstellanlage. Der Bom-Wagen wurde angehängt, wenn die Doppelstockwagen keine Toilette besaßen.
Unten: Wegen der günstigen Wintersportbedingungen war der Sportzug nach Altenberg am 7.2.1998 wieder mit zwei Lokomotiven bespannt. 204 252 und 359 passieren hier die Talbrücke bei Niederschlottwitz. *Fotos: Uwe Schmidt*

Bärenstein, wo sie zusammen mit einer Diesellok (V 15) aufgestellt werden sollen.

Auf die im Tal liegenden Bahnanlagen können wir vom Hang aus nur ab und zu einen kurzen Blick werfen, sofern es die Bäume zulassen. Zusammen mit dem 355 m entfernten Haltepunkt wird dieser Bereich als **Haltestelle Köttewitz** (km 4,71) bezeichnet. Das auf dem nordöstlichen Bahnsteig stehende kleine massive, holzverkleidete Gebäude entstand mit dem Bau der Normalspurbahn und wird uns in ähnlicher Form in Oberschlottwitz und Bärenhecke-Johnsbach sowie mit Säulen in Weesenstein begegnen. Köttewitz ist seit 1982 Bedarfshaltepunkt.

Nun überquert der Zug auf dem größten Viadukt der Bahn – einer 14 m hohen Stahlbetongewölbebrücke – das Müglitztal. Hier verlief früher zwischen Straße und Fluß die Schmalspurbahn. Alle drei führen um den Bergvorsprung herum, während der Zug diesen im 198 m langen Köttewitzer Tunnel durchfährt. In einem Rechtsbogen befindet sich hoch über der rechts unten dahinfließenden Müglitz der **Haltepunkt Weesenstein** (km 5,82), zum größten Teil auf Ausbruchsgestein des folgenden Weesensteiner Tunnels. Das holzverkleidete denkmalgeschützte Empfangsgebäude ist das Domizil des Modelleisenbahnclubs Müglitztalbahn, Heidenau.

Die folgende Stahlbetonbrücke überquert wiederum das Tal. Zwischen Straße und Fluß ist gut die als Fußweg genutzte Schmalspurbahntrasse zu erkennen, die zum links unten befindlichen ehemaligen Schmalspurbahnhof führt, von dem das Bahnwärterhaus noch existiert. Der Zug fährt von der Brücke direkt in den 240 m

Ein nach Altenberg fahrender Personenzug wartet auf den Abfahrauftrag des Zugführers (Juli 1992).
Foto: Günter Börner

langen Weesensteiner Tunnel ein. Wird es wieder hell, erblicken wir links das stattliche und stilvoll renovierte Weesensteiner Schloß. Entsprechend damaliger Gepflogenheiten wurde es vom 14. bis 19. Jahrhundert von oben nach unten am Berg errichtet. Heute beherbergt es ein Museum (Räume mit Wandbildtapeten, Stuckarbeiten, Möbeln, Gedenkzimmer für George Bähr, dem Erbauer der Frauenkirche in Dresden). Auch empfiehlt sich ein Besuch des 1871 angelegten, am Fuß des Schlosses gelegenen Barockgartens.

Die Fahrt führt etwa parallel zur links unter uns liegenden Landstraße, die bald auf einer Brücke überquert wird und dann auf Bahnhöhe ansteigt. Ähnlich verlief auch die Schmalspur, die aber an der Stelle der heutigen Brücke von der West- auf die Ostseite der Straße wechselte und dann

86 560 mit dem P 2831 Altenberg – Heidenau bei Burkhardswalde-Maxen im Jahr 1968. Durch die kleine Brückenöffnung fuhr einst die Schmalspurbahn.
Foto: Hans-Joachim Simon

Obwohl zum 1.1.1995 der Güterverkehr oberhalb von Köttewitz eingestellt wurde, gab es im Sommer 1995 noch Regelleistungen zur Holzabfuhr ab Burkhardswalde-Maxen. Am 27.7.1995 wartete die 204 616 dort auf dem Ladestraßengleis die Umladung ab.   Foto: Uwe Schmidt
Unten: Im Bogen angelegt ist der Hp Mühlbach, in dem ein Personenzug nach Heidenau einen Zwischenhalt eingelegt hat.   Foto: Kurt Häschel

Produktionsgebäude von Margon-Gesundbrunnen, der das bekannte und begehrte Margonwasser aus Brunnenquellen herstellt.

Der Zug hält auf dem ehemaligen Kreuzungsgleis 2 neben der hier noch zu verbreiternden Talstraße. Das nordöstlich gelegene Empfangsgebäude, in dem sich auch das Stellwerk befand, ist an der nördlichen Giebelseite mit einer Abbildung eines sächsischen Grenadiers und eines Freikorpsreiters als Erinnerung an die Schlacht von 1759 bei Maxen im Siebenjährigen Krieg verziert. Dem leerstehenden und zum Verkauf ausgeschriebenen Empfangsgebäude schließen sich der ehemalige Güterschuppen mit Laderampe an; weitere Gleise sind nicht mehr vorhanden.

700 m hinter dem Haltepunkt passieren wir eine kurze schluchtartige Talenge mit grünlichen, schiefrigen Diabaswänden des Rabenhorstes auf der rechten Seite. In dem sich nun weitenden Tal fahren wir an der linkerhand gelegenen ehemaligen **Anschlußstelle Peschelmühle** (km 9,32) vorbei. Heute sind die Gebäude dieses Betriebsteils des einstigen VEB Vereinigte Zellstoffwerke Pirna ungenutzt, auf den Freiflächen besteht ein Getränkelager. Die Anschlußweiche und die früher recht umfangreichen Gleisanlagen, auf denen zwei Diesellokomotiven des sowjetischen Typs TGK2-E1 und eine zweiachsige Dampfspeicherlok rangierten, sind längst ausgebaut.

Die Schmalspurbahn verlief ab Burkhardswalde-Maxen östlich der Talstraße. An der Peschelmühle beseitigte man beim Umbau eine scharfe Straßenkurve, der die Bahn folgte. Diese schwenkte auf den **Haltepunkt Mühlbach (b. Pirna)** (km 10,09) zu, der zur Schmalspurzeit „Häselich" hieß und mit dem Umbau ein stattliches, heute verfallendes Empfangsgebäude mit Güterschuppen und Rampe erhielt. Beim Sanieren der Bahn verlegte man den Bahnsteig rund 100 m talwärts in gleichfalls das Gelände des heutigen **Haltepunkts Burkhardswalde-Maxen** (km 7,99) erreichte. Bis zum 15. November 1996 bestand hier ein Bahnhof, danach nur ein Schrankenposten. Am 2. September 1997 nahm die DB AG eine neue Schrankenanlage in Betrieb. Diese sichert die von der Talstraße nach Burkhardswalde führende Verbindungsstraße, die wir bei der Einfahrt passierten. Früher kreuzte die alte Müglitztalstraße unterhalb vom Bahnhof die Gleise der Schmalspurbahn und verlief dann östlich von ihr. Ein Teil der Straße war zuletzt Ladestraße der Ladegemeinschaft, zu der sich der VEB Metallverarbeitung Maxen, der Kreisbetrieb für Landtechnik Sebnitz/Pirna (BT Burkhardswalde) und der VEB Brunnenbetrieb Margon vereinigt hatten. Sie verfügte nicht über eigene Betriebsmittel, sondern be- oder entlud gemeinschaftlich die Güterwagen. Auf dem Hang oberhalb der früheren Ladestraße erkennt man die

Das Empfangsgebäude der früheren Haltestelle Mühlbach in besseren Tagen auf einer Ansichtskarte.   Foto: Sammlung Ralf Böttcher

die Gerade. Zwischen früherem Bahnsteig und Dienstgebäude erkennen wir noch die Lage des einstigen Ladegleises, auf dem man vorwiegend Kohle entlud. Bis zum 8. Mai 1989 befand sich hier eine vom Haltepunktwärter bediente mechanische Schranke zum Sichern des Verbindungswegs zu den Neubauten in Häselich, heute steht hier eine zugbediente Haltlichtanlage.

Dort, wo der Zug das Dorf Mühlbach und damit den Landkreis Sächsische Schweiz verläßt, endet das Elbschiefergebirge mit seinen ständig wechselnden Gesteinsschichten. Wir gelangen in das Gneisgebiet des Erzgebirges und in den Weißeritzkreis. Hinter Mühlbach schlängeln sich Flüßchen, Landstraße und Bahn durch das enge Tal, wobei die Strecke auf zwei rund 500 m langen Abschnitten weitgehend die Trasse der Schmalspurbahn benutzt. Wir erreichen den früheren, im Oktober 1999 zur Blockstelle mit Haltepunkt degradierten **Bahnhof Niederschlottwitz** (km 13,32; 237,75 m hoch) und queren die beiden mit mechanischen Vollschranken gesicherten Bahnübergänge der von der Talstraße abzweigenden Verbindungsstraße nach Reinhardtsgrimma und Cunnersdorf sowie zum Empfangsgebäude und zur ehemaligen Ladestraße. Der Bahnsteig 1 liegt parallel zur Talstraße, von der aus Zu- und Abgänge möglich sind. Das zum Verkauf angebotene Empfangsgebäude hingegen befindet sich westseitig, obwohl der Schwerpunkt des Ortes auf der anderen Straßenseite liegt. Zwischen Straße und Bahn war gerade noch Platz für das Stellwerk. Das westliche Gleis 3 für Ladestraße, Rampe und Güterschuppen, das beidseitig an das Kreuzungsgleis 2 angeschlossen war, ist heute unbenutzt. Oberhalb vom Bahnhof, aber durch das Einfahrsignal gedeckt, zweigten früher Anschlußgleise zur Filiale Schlottwitz der Raiffeisen-Handelsgenossenschaft Hermsdorf (in Talrichtung) und der

Früher mußte der Fahrdienstleiter von Niederschlottwitz die Schranken von vier Bahnübergängen bedienen (heute bestehen noch drei). Drei von ihnen sind hier an der Ausfahrt in Richtung Heidenau zu sehen. Foto: Detlev Luckmann (Juni 1965)

Unten: Das Empfangsgebäude von Niederschlottwitz steht nicht nur zum Verkauf, sondern auch auf der falschen Seite. Der Ortskern liegt östlich der Bahn, doch reichte dort der Platz zwischen Straße und Bahn nicht aus. Foto: Ludger Kenning (1999)

Maschinenbau Schlottwitz GmbH (in Bergrichtung) vom Streckengleis ab. Auf ihnen wurden einst Güterwagen mit Düngemitteln, Kohle, Rohstoffen für die Eisengießerei und Gußteile befördert. Diese die Talstraße querenden Anschlußgleise wiesen – wie auch alle anderen – Mindestradien von 100 m auf. Zwischen beiden Gleisen besteht ein mit einer mechanischen Vollschranke gesicherter Bahnübergang der Straße nach Cunnersdorf. Damit hat der Fahrdienstleiter von Niederschlottwitz insgesamt drei Schrankenanlagen zu bedienen.

Links vom Ort erhebt sich die steile Lehne des Ledebergs mit der höchsten Erhebung von 447 m. Sein Hang ist mit zahlreichen naturgeschützten Eiben bedeckt; neuerdings ist hier Muffelwild heimisch. Der Zug fährt nun parallel zur Talstraße mitten durch den mit Neubauten auf das Dreifache angewachsenen Ort mit seinen schmucken Häusern und gepflegten

Das holzverkleidete Stationsgebäude von Oberschlottwitz: Typisch waren die Uhrtürmchen, die auch in Köttewitz, Weesenstein, Mühlbach und Altenberg noch vorhanden, aber heute weitgehend funktionslos sind. Foto: Ludger Kenning (1999)

*Ein wichtiger Frachtkunde war das Agrochemische Zentrum (ACZ) in Schlottwitz. Am 26.3.1986 stellten die 112 796 und 110 751 einige Güterwagen des N 61382 zu, während die Straße gesichert wurde.
Foto: Heinz Schwarzer*

*Unten: Das südliche Portal des Pilztunnels im Zustand von 1937/38. Der pilzförmige Wetterschutz auf dem Bergsporn rechts oben verlieh dem Tunnel seinen Namen.
Foto: Sammlung Johannes Tutschke*

Vor- und Kleingärten, wie früher auch die Schmalspurbahn. Deren Trasse verlief westlich der Straße, um diese unterhalb vom Gasthof und bekannten Ausflugsziel „Klein Tirol" zu überqueren. Etwa bei km 15,0 fährt der Zug dicht an den felsigen Hängen des Schlottwitzer Achatgangs entlang, in dem man Achate und Amethyste fand, die zu Schmuckdosen verarbeitet heute im „Grünen Gewölbe" in Dresden zu sehen sind. Kurz danach folgt auf einer Anhöhe der **Haltepunkt Oberschlottwitz** (km 15,54) mit seinem östlich gelegenen Bahnsteig. Von hier aus hat man links einen guten Blick auf den ehemaligen Schmalspurbahnhof, der sich im Flußbogen befand und auf dem heute ein Garagenkomplex steht.

Der Zug überquert auf einer Brücke die Straße, die Müglitz und die alte Bahntrasse. Wir fahren am Talhang entlang (km 16,0 – 16,8) und erkennen von oben direkt westlich an die Straße grenzend streckenweise noch die Schmalspurtrasse. Das Erzgebirge zeigt sich nun deutlicher: Das Tal wird eng und windungsreich, weshalb man früher vom „Semmering" sprach. Der rechte Felshang bei km 17,2 bereitete Sorgen, als ein Felsrutsch die Eröffnung der Normalspurstrecke verschob. Bei km 17,6 passieren wir die Felsbarre des „Wittichschlosses", das nach einer Sage im 15. Jh. Schlupfwinkel eines Räubers gewesen sein soll. Der Bau der Normalspurbahn dezimierte den Felsen, weil hier Straße und Schmalspurbahn auf 500 m (heute km 17,2 – 17,7) sowie die Müglitz auf 200 m Länge (km 17,2 – 17,4) verlegt werden mußten. Das waren die umfangreichsten Maßnahmen, die für den Bau der neuen und den Betrieb der alten Bahn notwendig waren. Die Schmalspurzüge folgten den Windungen der Talstraße und hielten am Hp Dittersdorf, doch wir kürzen die Strecke im 292 m langen gebogenen Pilz-Tunnel durch den Bergsporn ab und überqueren dann auf einer Stahlbetonbrücke das Tal.

Der Normalspurbahnhof Glashütte kurz nach seiner Fertigstellung mit Blick in Richtung Altenberg (1939).   *Foto: Sammlung Bernd Kuhlmann*
Unten: In den 50er Jahren kreuzten zwei mit je einer 86er bespannte Personenzüge in Glashütte. Im vorderen Zug sind noch zwei Länderbahnwagen erkennbar, einer davon gar mit Dachaufsatz.   *Foto: Sammlung Günter Klebes*

*Mitte der 60er Jahre liefen auf der Müglitztalbahn vorwiegend Doppelstockwagen. An einem Junitag 1965 hielt der P 2820 in Glashütte.
Foto: Detlev Luckmann*

*Bevor die neuen Triebwagen erschienen, führte die Baureihe 202 die zumeist aus drei Wagen bestehenden Personenzüge. Am 14.5.1999 wartete die 202 490 in Glashütte die Zugkreuzung ab. Das Ladegleis links unten ist inzwischen abgebaut. Foto: Ludger Kenning
Unten: Noch Mitte der 90er Jahre war es üblich, die Planzüge bei guten Wintersportverhältnissen auf bis zu sechs Wagen zu verstärken (welch ein Kontrast zu heute!). Diese Züge benötigten eine entsprechende Zugkraftverstärkung. Am 15.1.1995 kreuzten die 219 160 und 164 in Glashütte.
Foto: Uwe Schmidt*

Während sich die Schmalspurbahn durch die Ortschaft schlängelte und zweimal die Straße kreuzte, erreichen wir am östlichen Talhang – aber westlich der Müglitz – den **Bahnhof Glashütte (Sachs)** (km 19,0; 320,72 m hoch) und damit die Stadt der Uhren und der Feinmechanik mit rund 2.300 Einwohnern (ohne Eingemeindungen seit 1990). Der Name der Stadt leitet sich vermutlich von silberhaltigen Glaserzen ab, die man einst hier abbaute. Daneben fand man auch Fluß- und Schwerspat, Kupferkies, Blei und andere Erze. Um 1650 bestanden rund 120 Stollen, Schächte und Fundgruben auf Glashütter Gebiet. Obwohl nach 1700 die Gruben nicht mehr rentabel waren und bis 1780 Silber gefördert wurde, erlosch erst 1875 das letzte Grubenlicht. Weil die Not groß war, zog nach den Befreiungskriegen die von Dohna übertragene Strohflechterei hier ein, doch Reichtümer erwarb niemand damit. Um den Glashüttern eine Erwerbsquelle zu bieten, gewann die Landesregierung den Dresdener Uhrmacher Ferdinand Adolph Lange aufgrund seiner reichen, in der Schweiz erworbenen Erfahrungen zum Aufbau einer Uhrenwerkstatt. Ab Dezember 1845 bildete er mit Hilfe eines Kredites 20 Glashütter Bürger zu Uhrmachern aus, die später Taschenuhren fabrizierten. Obwohl die Landesregierung Lange unterstützte, ehrte man ihn als Wohltäter Glashüttes. Am 1. Mai 1878 entstand auf Initiative von Moritz Großmann hier die erste deutsche Uhrmacherschule, von 1951 bis 1990 Ingenieurschule für Feinwerktechnik. Glashütte wurde zum Synonym für Präzisionsarbeit. Zeichen des Stadtwappens sind heute „Schlägel und Eisen" des ehemaligen Bergbaus sowie ein Zifferblatt einer Uhr. Als Sehenswürdigkeit gilt die von H. Goertz konstruierte und heute in der Firma Lange Uhren GmbH ausgestellte astronomische Uhr, an der man u. a. 19 verschiedene Ortszeiten ablesen kann.

Zu DDR-Zeiten waren hier die Volkseigenen Betriebe (VEB) Uhrenwerk, Robotron-Schreibmaschinenwerk (ehem. Rechenmaschinenfabrik Archimedes), Glashütter Meß- und Regeltechnik, Präzisionstechnik Glashütte sowie Elektromechanik ansässig, die regen Berufsverkehr per Bahn aufwiesen. Heute prägen nur noch wenige Betriebe das Stadtbild, vor allem Lange Uhren GmbH, die Glashütter Uhrenbetriebe GmbH und die Firma Hans Mühle (Schiffschronometer). Die Firma Permot-Hruska GmbH stellte Mitteleinstiegswagen der Bauart „Heidenau-Altenberg" und Modelle der Baureihe 84 im Maßstab 1:87 her.

Der Bahnhof besaß als einzige Zwischenstation drei Hauptgleise, von denen das bahnsteiglose westliche Gleis 3 (inzwischen nur noch bergseitig angebundenes Stumpfgleis) nur für Güterzüge nutzbar war. Seit Oktober 1999 besitzt der Bahnhof Lichtsignale. Der Inselbahnsteig zwischen den Gleisen 1 und 2 ist durch einen Fußgängertunnel vom tiefer gelegenen, 1938 erbauten und heute denkmalgeschützten Empfangsgebäude aus zu erreichen, weil das Gelände des Schmalspurbahnhofs um rund 2 m aufgeschüttet wurde. Auf den einstigen Gleisen zur Ladestraße und zum Güterschuppen standen früher gelegentlich für Altenberg bestimmte Güterwagen, wenn die Höchstlast der Züge überschritten war, oder auch Bahndienstwagen, da Glashütte für den Güterverkehr geschlossen war. Auf der Südseite des Bahnhofs existierten kurze Gleise für die Kopframpe sowie für die Bahnunterhaltungsdraisine, die in einem Holzschuppen untergebracht war.

Wie wir an der Bahnhofsausfahrt rechts sehen, senkt sich scheinbar ein Anschlußgleis ins Müglitztal hinab, tatsächlich steigt es aber leicht an. Das Gleis, das teilweise als Ausziehgleis für die Bedienung von Ladestraße und Güterschuppen genutzt wurde, folgt der ehemaligen Schmalspurbahn und führte zur Glashütter Pappen- und Kartonagenfabrik GmbH. Wie vielerorts im Müglitztal ist auch hier die Papierindustrie heimisch, deren Anfänge auf das Ende des 19. Jahrhunderts zurückgehen. Nach mehrfach wechselnden Besitzverhältnissen ging der Betrieb 1926 an den Unternehmer Osthushenrich über, der vorwiegend Bierglasuntersetzer herstellte. Im Mai 1996 baute man das die Talstraße kreuzende Gleisstück der früheren Anschlußbahn aus und riegelte es mit einem Prellbock ab.

Der Zug bewältigt nun eine nahezu bis Bärenhecke-Johnsbach anhaltende Steigung von 25,64 Promille. Dabei passieren wir den geraden und mit 539 m längsten Tunnel der Müglitztalbahn, den Gleisberg-Tunnel. Haben wir ihn verlassen, erkennen wir rechts hinter uns oberhalb der Straße eine Halde, auf der man das aus dem Berg ausgebrochene Gestein ablagerte. Direkt an den Tunnel schließt eine Stahlbetonbrücke an, der noch weitere drei Brücken

Im holzverkleideten Stationsgebäude von Bärenhecke-Johnsbach hatte zur Zeit des Uranerzbergbaues ein Haltepunktwärter seinen Sitz. Die Wartehalle ist verziert mit dem Spruch „Wer pünktlich ist zu jeder Pflicht, verliert die Ruh zur Arbeit nicht". Foto: Ludger Kenning (14.5.1999)
Unten: Die Anschlußweiche zur Ladestelle Bärenhecke-Johnsbach und ebenso das für die Müglitztalbahn typische Blockhäuschen existieren längst nicht mehr. Foto: Bernd Kuhlmann (21.6.1982)

zum Überqueren von Straße und Fluß folgen. Die Schmalspurbahn umfuhr den Gleisberg, berührte den (längst verschwundenen) Hp Schüllermühle und schlängelte sich wie der Fluß durch das Tal.

Wir fahren auf kürzerer Strecke bis zum **Haltepunkt Bärenhecke-Johnsbach** (km 22,28) mit seinem westlich gelegenen Bahnsteig. Am westlichen Talhang waren bis Ende 1983 Reste einer hohen Spitzhalde vorhanden, die an den von Oktober 1948 bis Frühjahr 1954 von der SAG Wismut betriebenen Uranerzbergbau erinnerte. Groß war die Unruhe, die dadurch in diesen Teil des Tals einzog, denn es mußten Bewohner evakuiert sowie Schächte, Förderanlagen und Arbeiterunterkünfte

errichtet werden. Wohl war das Vorkommen an Uranpechblende, die in früheren Jahren nur zum Herstellen von Farben verwendet wurde, nicht so groß wie im Gebiet um Johanngeorgenstadt/Schwarzenberg, doch trug auch Bärenhecke zum Atompotential der Sowjetunion bei.

In dem schluchtartigen Talstück, das sich von Glashütte bis oberhalb von Bärenhecke erstreckt, befinden sich westlich vom Haltepunkt die Mühle und die Brotfabrik. In Talrichtung zweigte früher vom Streckengleis (km 22,68) über eine Betonbrücke ein Gleis zur Anschlußbahn bzw. öffentlichen Ladestelle ab, auf der man in der Wismut-Zeit die weniger konzentrierten Uranerze verlud.

Im Juni 1965 war Bärenstein noch ein Bahnhof, wie die Signale zeigen. Die 86 548 nahm Wasser am aus der Schmalspurzeit stammenden Wasserhaus, das gegenüber vom Empfangsgebäude steht und noch heute funktionsfähig ist. Bei der Renovierung zum Jubiläum „100 Jahre Müglitztalbahn" (1990) wurde der Schuppenanbau der Bahnmeisterei abgerissen. Fotos: Detlev Luckmann

Der Zug folgt weiterhin der Talschlucht, die sich in km 23,7 zur Bärensteiner Flur mit dem Ortsteil Bärenklau erweitert. Die Schmalspurbahn verlief zunächst rechts und dann links von uns. Links – in km 24,25 – erinnert noch eine Stahlträgerbrücke über die Biela (einem Zufluß zur Müglitz) an sie. Schließlich hält der Zug am **Haltepunkt Bärenstein (b. Glashütte/Sachs)** (km 24,94; 418,80 m hoch), der sich auf dem Gelände des früheren Schmalspurbahnhofs befindet. Das Empfangsgebäude mit dem Bärensteiner Wappentier am Südgiebel und dem kleinen Stellwerk entstand mit dem Bau der Normalspurstrecke. Es gehört seit 1999 der Stadt, die gemeinsam mit dem Förderverein für die Müglitztalbahn e.V. auf dem Bahnhofsgelände eine Ausstellung anlegen und das Empfangsgebäude samt Inneneinrichtung und Stellwerk in den Zustand von 1939 rückversetzen will. Der angebaute Güterschuppen mit Rampe und die Ladestraße deuten auf den früheren Bahnhof hin, der zwei Hauptgleise und ein Nebengleis besaß. Links der Bahn, bereits in Richtung Lauenstein, erweckt das restaurierte Wasserhäuschen mit Wasserkran unsere Aufmerksamkeit. Das 1890 erbaute Gebäude ist die älteste betriebsfähige Wasserstation ihrer Art und wird bei Sonderfahrten regelmäßig genutzt. Wasserkräne bestanden außer in Heidenau auch in Burkhardswalde-Maxen und Glashütte sowie in Geising (inzwischen abgebaut) jeweils in Bergrichtung und schließlich im Endbahnhof.

Nach der Abfahrt bietet sich ein Blick auf das rechts die Hänge hinaufziehende Bärenstein, das bis 1927 die kleinste Stadt Sachsens war und heute wieder ist. Bären- und Lauenstein waren nach Dippoldiswalde und Frauenstein die ersten im Osterzgebirge gegründeten Orte. Wir sehen zunächst den „Dorf Bärenstein" genannten Ortsteil. Die „Stadt" erstreckt sich erst bei der Schloßmühle den Hang hinauf, doch bis dahin müssen wir noch einige hundert Meter fahren. Bärenstein bestand einst nur aus dem Markt mit Straßenansätzen, in der sich viele Handwerker niederließen – vor allem Fleischer, die das Vieh der umliegenden Bauernhöfe schlachteten und ihre Erzeugnisse nach Dresden liefern durften. Der Anfang des 16. Jahrhunderts aufblühende Bergbau hielt sich wegen geringer Fündigkeit nur kurz.

Ein imposanter Anblick ist es, wie sich der Fluß zwischen Schloßberg und der „Rolle" genannten Felswand tief eingesägt hat. Zwischen km 25,5 und 26,13 war wegen der geringen Platzverhältnisse für

Bahn, Straße und Fluß nur eine Bogen-Gegenbogen-Gleiskonstruktion mit je 140 m Radius möglich. Auch die Schmalspurbahn folgte dem ausholenden, aber engen Bogen des Flusses, um dann schließlich westlich der Straße zu verlaufen. An der Schloßmühle (km 26,15 – 26,4) gingen dem Bau der Normalspurstrecke die Verlegung der Talstraße und die provisorische Neutrassierung der Schmalspurbahn voraus. An die frühere Straße erinnert links eine steinerne Bogenbrücke über die Müglitz.

Im sich weitenden Tal liegt rechts die **Anschlußstelle Sägewerk Bärenstein** (km 26,55), zu der ein die Talstraße kreuzendes Anschlußgleis führt. Der Betrieb ist stillgelegt und die Anschlußweiche seit 1998 ausgebaut.

Während die Schmalspur zunächst westlich und dann östlich von uns verlief, folgt der Zug weitgehend dem Lauf der Müglitz, die vor dem früheren **Bahnhof Lauenstein (Sachs)** (km 28,47; 470,95 m hoch; seit Oktober 1999 Blockstelle und Haltepunkt) auf einer Betonbrücke gekreuzt wird. Hier schwenkte auch die Schmalspurbahn in den Bahnhof ein, der in Normalspur recht großzügig bemessen wurde. Der Grund für die zwei Haupt- und einstmals drei Nebengleise (an Ladestraßen, Rampen und Güterschuppen) war nicht der Wagenladungsknoten mit seiner regen Ladetätigkeit zu DDR-Zeiten, vielmehr benötigte man ein Abstellgleis für Leerwagen, die dem Anschlußgleis der Ostdeutschen Hartsteinwerke zugeführt wurden. Typisch ist hier wiederum, daß in die Ladegleise (außer Gleis 4) nur aus der Bergrichtung eingefahren werden konnte.

Das 1889 erbaute Bärensteiner Wasserhaus im Mai 1999. Ein fast baugleiches Gebäude steht in Steinbach im Preßnitztal und erfüllt seit Sommer 2000 wieder seinen ursprünglichen Zweck.
Foto: Ludger Kenning

Unten: *Das Lauensteiner Empfangsgebäude entstand beim Bau der Normalspurbahn (1939) und erhielt über dem Schriftzug den zeitgenössischen „Pleitegeier". Die Stelle ist noch heute (s.S. 41) am abweichenden Wandputz erkennbar. Am 25.9.1964 hielt hier der von Dresden kommende P 2812.*
Foto: Sammlung Bernd Kuhlmann

Im Geisinggrund bei Lauenstein befindet sich ein Steinbruch mit Brecherwerk, das zwar über kein Anschlußgleis, aber eine Feldbahn verfügte. Zum Aufnahmezeitpunkt (27.5.1980) war diese soeben eingestellt und die einzige Diesellok verkauft worden.   Fotos: Wolfram Wagner

Damit war der Rangierablauf für Nahgüterzüge einheitlich festgelegt – mit Ausnahme der noch folgenden Betriebsstellen. Im beim Bau der Normalspurbahn errichteten Empfangsgebäude befindet sich das Stellwerk, von dem aus die mechanische Vollschranke bedient wird, die die Straße zur Stadt sichert. Dies war der einzige Bahnübergang mit stärkerem Verkehr, der beim Umbau nicht beseitigt werden konnte.

Die Stadt Lauenstein mit ihrer Burg entstand im 12. Jahrhundert als Vorposten gegen den Einfluß Böhmens. Ab 1556 war die Burg, die sich ab 1517 im Besitz des weitverzweigten Adelsgeschlechts von Bünau befand, keine Wehranlage mehr. Der kleine Ort, der 1374 das Stadtrecht erhielt und in dem der Eisenerzbergbau dominierte, stellte sich auf den Fremdenverkehr ein. In abgeschiedener Lage und auf engem Raum im Müglitztal blieb Lauenstein klein und etwas weltfremd, aber daher idyllisch für die Touristen. Die sich nach dem 1. Weltkrieg ansiedelnden Kleinbetriebe der Feinwerkstechnik erlangten nie große Bedeutung. Sehenswert ist das Schloß mit der Bünaugruft und dem Heimatmuseum, in dem seit 1999 eine Dauerausstellung zur Müglitztalbahn besteht und ein Modell der Schmalspurbahn zwischen Geising und Altenberg zu sehen ist.

In Lauenstein verläßt der Zug das Müglitztal und folgt dem Roten Wasser, dessen Tal auch „Geisinggrund" heißt. Mit Steigungen von bis zu 33 Promille geht es stetig bergauf und bis kurz vor Geising großteils auf der Trasse der Schmalspurbahn. Bei km 29,1 ist rechts erstmals der 824 m hohe Geisingberg zu erkennen. Bei der langsamen Fahrt durch den **Haltepunkt Hartmannmühle** (km 30,32) sieht man rechts das kleine hölzerne Stationsgebäude, das in fast unveränderter Form aus der Zeit der Schmalspur stammt. Hier halten die Züge seit 1980 nur bei Bedarf für die Bewohner des Geisinggrundes und die wenigen Gäste des benachbarten Ferienheims mit dem Wildtierpark.

Knapp 300 m weiter (bei km 30,6) erblicken wir rechts oben – 120 m höher gelegen – die nach Altenberg führende Bahnstrecke, doch sind bis dahin noch rund 4 km zurückzulegen. Heute deutet nichts mehr auf die **Anschlußstelle Ostdeutsche Hartsteinwerke** (km 30,87) hin, deren Gleis bergauf über die Müglitztalstraße führte. Hier verlud man bis etwa 1943/44 den am Geisingberg gebrochenen und per Drahtseilbahn hinuntergebrachten Basalt. Auf Drängen des Landesvereins Sächsischer Heimatschutz durfte nach 1938 nur aus der Tiefe Gestein gebrochen werden, um die markante Basaltkuppe zu erhalten. Schließlich stellte man den Betrieb ein und baute 1946 die Anschlußweiche aus.

Nach Passieren des Geisinger Stadtwaldes fährt der Zug in den 235 m langen,

Die Wartehalle von Hartmannmühle entstand 1890 beim Bau der Schmalspurbahn und ist noch fast original erhalten. Foto: H. Schwarzer (Juni 1991)

Im Bahnhof Geising – damals noch mit zwei Bahnsteigen, mehreren Gleisen und dem Schaffnerhäuschen – hielt am 25.9.1964 die 86 623 mit dem P 2812 nach Altenberg.
Foto: Sammlung Bernd Kuhlmann

Unten: Nach der Schlammkatastrophe von 1966 wurden nur zwei Gleise erneuert, die übrigen abgerissen. Das weitab stehende Empfangsgebäude kündet von besseren Zeiten des jetzigen Haltepunkts. Zum 100-jährigen Bestehen der Bahn legte hier der von der 50 3616 geführte und von der 86 049 nachgeschobene Zwickauer Traditionszug einen Halt ein.
Foto: Rainer Heinrich

Das heute unbewohnte Geisinger Empfangsgebäude steht zum Verkauf. Fenster und Türen sind mit Spanplatten vernagelt.
Fotos: Ludger Kenning (14.5.1999)

Geising-Tunnel ein, in dem das Gleis bis über die anschließende gebogene Stahlbetonbrücke mit einem Radius von 140 m verläuft. Wir erreichen den **Haltepunkt Geising** (km 32,68, 590,08 m hoch) und erkennen an den beiden verbliebenen Gleisen den alten Bahnhof. Hier vollzogen sich nach einem Schlammeinbruch am 9. Oktober 1966 die größten Veränderungen seit dem Bau der Normalspurbahn. Da man den Bahnhof danach für den Güterverkehr schloß, konnte beim Wiederaufbau auf die Nebengleise verzichtet werden. Die beengte Lage des Schmalspurbahnhofs ergab nach dem Bau der Normalspurbahn einen ungewöhnlichen Rangierablauf. Beim Bedienen der Anlagen mußte sich die Lok statt auf der Berg- auf der Talseite befinden. Das Empfangsgebäude mit dem angebauten Güterschuppen (heute Wohnung) stammt wie das von Dohna aus der Schmalspurzeit, wurde aber 1939 ausgebaut und modernisiert.

Geising war bis 1923 der Endpunkt der Müglitztalbahn, hieß jedoch „Geising-Altenberg". Die Vorbereitungen zur Verlängerung der Bahn begannen schon im April 1914. Der Bahnbau wurde schließlich 1919–23 als Notstandsarbeit ausgeführt, sodaß am 10. November 1923 die Strecke bis Altenberg eröffnet werden konnte. Damit entfiel der Doppelname.

Bei der Weiterfahrt wird zunächst die nach Altenberg hinaufführende Straße unterquert und dann das Rote Wasser auf einem Durchlaß gekreuzt. Wer jetzt nach rechts schaut, erkennt den großteils zugeschütteten Einschnitt der früher nach Altenberg führenden Schmalspurbahn. Eine Normalspurstrecke verlangt größere Radien, und so fahren wir in einem neuen tiefen Einschnitt durch Granitporphyr. Danach bietet sich uns ein seltsames Panorama. Tief unten sehen wir den nördlichen Tunnelmund des Geising-Tunnels, die anschließende Brücke, den ehemaligen Bahnhof und die 1.100 Einwohner zählende Stadt mit ihrer barocken Stadtkirche (1689–94 erbaut), dem sehenswerten Saitenmacherhaus (1668) und der kleinen Sprungschanze vor der neuen Halle des Gründel-Eisstadions.

Geising entstand durch den Zinnerzbergbau, vor allem durch die Aufbereitung der Erze von Zinnwald und Altenberg, weil es hier das notwendige Wasser für die Pochwerke gab. Da die Ausbeute der in Geising geförderten Erze bis zum 18. Jahrhundert stetig abnahm, stellte man den Bergbau ein. Es entwickelte sich vor rund 180 Jahren die Strohflechterei, die den Bewohnern neben der Landwirtschaft auf den felsigen Böden als Erwerbsquelle diente. Heute ist Geising bekannt als Sommerfrische und Wintersportzentrum mit zwei Skiliften, besonders durch den seit 1952 traditionellen Ski- und Eisfasching.

Aus der Höhe wird vom Zug aus sichtbar, wie die Bahn einen Bogen von 270° einschließlich des gebogenen Tunnels vollzieht, um in nicht zu engen Radien das Tal auszufahren, und welche Höhe sie damit gewinnt. Der Höhenunterschied zwischen Geising und Altenberg beträgt 166,97 m und wird auf 5,32 km überwunden. 200 m nach Verlassen des Einschnitts befindet sich in km 33,4 ein Durchlaß für einen Wirtschaftsweg. In seiner Nähe führte bis 1946 die erwähnte Drahtseilbahn vom Steinbruch am Geisingberg – heute ein Badesee mit klarem Wasser – hinunter zum Hartsteinwerk an der Hartmannmühle. Um die Züge vor aus Hängekörben herabfallendem Gestein zu schützen, be-

Nach dem Verlassen des Hp Geising in Richtung Heidenau durchfährt der Zug nach Heidenau auf einer im Bogen angelegten Betonbrücke den Ort.   *Foto: Tino Eisenkolb (7.7.1990)*

fand sich über der Bahn (auch schon zur Schmalspurzeit) ein Holzdach. Kurz hinter km 34,5 führte eine weitere Holzbrücke über die Bahn, um der winterlichen Sachsenabfahrt nach Hartmannmühle freie Fahrt zu geben. Als die Brücke in den 50er Jahren durch Funkenflug einer Dampflok abbrannte, aber im Januar 1961 die Sachsenabfahrt für eine Veranstaltung des Skiläuferverbands genutzt werden mußte, richtete man am Wegübergang in km 34,94 eine Überfahrt ein und sperrte vorübergehend die Bahnstrecke.

Obwohl starke Steigungen den weiteren Streckenverlauf kennzeichnen, gibt es hier ein „nur" 15,861 Promille aufweisendes, 154 m langes Stück. Hier befand sich früher der **Haltepunkt Geisingberg-Sprungschanze** (km 36,16; 699,08 m hoch). Links erkennt man den anfangs noch recht breiten, sich aber zum Bahnübergang Bärensteiner Straße hin verjüngenden einstigen Bahnsteig. Noch vor einigen Jahren befand sich an der Bahnsteigböschung der Kasten eines Schmalspurgüterwagens. Der Haltepunkt stand in keinem öffentlichen Fahrplan. Reisezüge hielten hier nur gelegentlich an Wochenenden, wenn Skispringen auf der 1924 erbauten, aber heute nicht mehr vorhandenen Sachsenschanze am Geisingberg stattfanden. Augenzeugen berichteten, daß der Haltepunkt von 1938/39 bis höchstens 1940/41 genutzt wurde, und zwar hauptsächlich bei Skisportmeisterschaften.

Nach über 400 m (ab km 36,6) folgt auf 1.049 m Länge mit 36,253 Promille die stärkste Steigung der Strecke. Sie hält bis

Das Portal des 235 m langen Geising-Tunnels (auf Geisinger Seite) mit dem im 140-m-Radius verlaufenden und um 33,329 Promille ansteigenden Gleis.   Foto: Bernd Kuhlmann (30.12.1981)
Unten: Blick vom Gelände des Lokbahnhofs Altenberg auf den Geisingberg und den ausfahrenden Sonderzug (mit 50 3616 als Schlußlok).   Foto: Rainer Heinrich (6.7.1990)

Die Straßenseite des Altenberger Empfangsgebäudes im Ursprungszustand. Bereits 1945 brannte es ab, wurde aber weitgehend originalgetreu wieder aufgebaut. Foto: Sammlung Gerd Ohle

zum Bahnübergang am Altenberger Stellwerk an. In beschaulichem Tempo fährt der Zug an den artenreichen und teils naturgeschützten Geisingbergwiesen vorüber. Für Botaniker sind die Wiesen ein Dorado, denn sie finden hier vielerlei Orchideenarten, den seltenen Karpaten-Enzian, das zweihäusige Katzenpfötchen, die Trollblume, Bergwohlverleih (Arnika) und andere seltene Pflanzen. Wir genießen den Blick auf den Geisinggrund und die Hänge des Müglitztals. Rechts liegt das Tal von Hirschsprung und von links grüßt der 824 m hohe Geisingberg mit seinem Aussichtsturm.

Bei der Einfahrt in den **Bahnhof Altenberg (Erzgeb)** (km 38,03; 757,05 m hoch) steht links der zweigleisige Lokschuppen. Davor befanden sich früher vier Abstellgleise, die über ein östliches Ausziehgleis zum Umsetzen der Lok miteinander verbunden waren und 1946/47 teilweise abgebaut wurden. Bei Kriegsende waren hier wegen Kraftstoffmangel verschiedene Triebwagen abgestellt. Heute sind nur noch zwei kurze Abstellgleise vorhanden. Die DB AG will die Anlage nach Inbetriebnahme der Neubautriebwagen aufgeben.

Am rechts stehenden Stellwerk kreuzen wir die nach Hirschsprung führende Straße. Der Übergang ist mit einer vom Stellwerk aus bedienbaren mechanischen Vollschranke gesichert. Hier trifft auch das vom früheren Lokbahnhof kommende Gleis auf die Strecke, die selbst im Bahnhof eine Steigung von 14,2 Promille beibehält. Vorhanden sind drei Bahnsteiggleise (Gleise 1, 3 und 7) für Ein- und Ausfahrten von Zügen sowie das an Gleis 3 anschließende Lokumsetzgleis 2 für Wintersportzüge. Für den Güterverkehr bestanden das zum Güterschuppen am Empfangsgebäude führende Gleis 5 (an der Ladestraße) und das Ladestraßengleis 6 mit Kopf- und Seitenrampe. Auf Gleis 3 ankommende Lokomotiven können über Gleis 2 umsetzen, ohne daß der Zug bewegt werden muß.

Der Kopfbahnsteig war früher mit einer hölzernen Halle überdacht, die zusammen mit dem (später wieder aufgebauten) Empfangsgebäude in den ersten Nachkriegstagen (vermutlich am 11. Mai 1945) abbrannte. Vom Kopfbahnsteig gelangen die Fahrgäste durch eine Vorhalle des Empfangsgebäudes, das heute der Stadt gehört und in dem sich das Fremdenverkehrsamt befindet, direkt auf den Bahnhofsvorplatz. Stehen wir auf der zum Kurort Kipsdorf führenden Dresdener Straße, der B 170 / E 55, erkennen wir einen westwärts füh-renden, am Ende zugeschütteten Einschnitt. Man hatte ihn nicht für eine spätere Verlängerung der Bahn angelegt, sondern für das Umsetzgleis des Schmalspurbahnhofs, dessen kleines Empfangsgebäude heute noch am östlichen Ende des Einschnitts steht.

Die Gleisseite des Bahnhofs Altenberg (Erzgeb) im Juni 1965. Der Eindruck täuscht, denn damals herrschte noch reger Betrieb, sowohl im Reise- als auch im Güterverkehr. Foto: Detlev Luckmann

Erinnerungen an die Schmalspurzeit sollte die 99 713 bei der Fahrzeugschau im Juli 1990 in Altenberg wecken.
Foto: Rainer Heinrich

Altenberg mit seinen 3.300 Einwohnern (ohne Eingemeindungen seit 1990) ist ein Erholungs- und Wintersportzentrum. Eine Sprungschanze, die Bobbahn, ausgedehnte Skihänge und Abfahrtspisten werden gern genutzt. Um den Kahleberg erstreckt sich ein für Langlauf- und Biathlonwettbewerbe geeignetes Gelände. Von der Bergstadt aus bieten sich herrliche Wanderungen zur beliebten Ausflugsgaststätte „Altes Raupennest", zum Kahleberg (905 m), zum Geisingberg (824 m), nach Schellerhau, über Kurort Bärenburg zum Kurort Kipsdorf oder auch nach Zinnwald-Georgenfeld mit dem naturgeschützten Hochmoor an.

Die Stadt war bis 1991 der Mittelpunkt des Zinnbergbaues im Osterzgebirge. Um 1440 wurden böhmische Bergleute am Geisingberg beim Schürfen nach Zinn fündig. Rasch entwickelten sich der Bergbau und der Ort, der 1451 Stadtrecht erhielt. Als bergbauliche Anlagen entstanden bis 1465 der Aschergraben, schließlich der Große und Kleine Galgenteich. Ersterer wurde 1940 vergrößert, um das Zinnerz nach dem Rösten in Pochwäschen zu zerkleinern. Im 16. Jahrhundert bürgerte sich aufgrund des Bergbaues der Name „Erzgebirge" ein. Jeder Bergmann arbeitete wie ein Handwerker allein in seiner Fundgrube. Da in Altenberg das Zinn nicht in Gängen (Flözen) ansteht, sondern der gesamte Granitblock damit imprägniert ist, weitete man die Fundorte in mehreren Etagen untertage immer mehr auf, so daß es 1545 und 1578 zu ersten Einbrüchen kam. Im Jahr 1620 bildete sich die „Altenberger Binge", ein 120 m tiefer Einbruchstrichter. Besitzende kauften Berganteile („Kuxe") auf und schlossen sich zur „Zwitterstockgewerkschaft" zusammen, die rund 300 Jahre den Altenberger Bergbau lenkte. Der Zinnerzbergbau ging um 1890 beinahe ein, weil Einfuhren billiger waren, lebte aber im 1. Weltkrieg und ab 1933 wieder auf, weil sich Deutschland von Einfuhren unabhängig machen wollte. Zuvor gestaltete man Grubenteile zu einem Schaubergwerk aus. Nach dem 2. Weltkrieg ging der Bergbau weiter, ab 1951 mit weitaus stärkerer Förderung, so daß das Schaubergwerk geschlossen wurde. Heute besteht in der Pochwäsche IV eine Schauanlage, in der man erfahren kann, wie 450 Jahre lang Zinnerz aufbereitet wurde. Vom Bergbau kündeten zuletzt drei Fördertürme und die umfangreichen Aufbereitungsanlagen des einstigen Bergbau- und Hüttenkombinats „Albert Funk" Freiberg, zu dem der Betriebsteil VEB Zinnerz Altenberg gehörte. Jetzt ruht der Bergbau, nur Sicherungsmaßnahmen finden noch statt.

Ho ich en guten Freind im mich, dan möcht ich nimmer meiden,
es is esu mit jedem Ding, do läßt sich gor net streiten;
wenn ich ewos racht lange ho on soll es vun mir gab'n,
do tut mersch leed wie unre Boh, 's is mir e Stückel Lab'n.

Alte, gute Bimmelboh, bimmel bummel bim,
keichst de nu schun monches Johr onnern Neifang nim,
kimmst de ubn in Altenbarg 's Bargel sachte ro,
grüß ich dich mit Harz on Hand, du alte Bimmelboh.

Kummt ihr Leite, schiebt e bissel, kummt ihr Leite,
schiebt e bissel, kummt ihr Leite, schiebt e bissel, schiebt.

Ohgeschlängelt kimmt se früh, unser Bimmelbahnel,
Radeln sei net größer dro wie an Letterwanel.
's Minel kummt von Barnschten rei, do ruft dr Schoffner zu:
'Willste mit noch Altenbarg? Do halt dich fei drzu!'

Drauf soots Minel: 'Fohr ner zu, ich hos heit verschlofen.
Ho ka Zeit, mit Eich ze fohrn, muß den Barg nauflofen.
Annermol, wenn's ni su treibt, fohr ich a mol mit,
luß mol fünfe gerode sei, wenn's a sochte git.'

Vorne uff dr Lukmotiv, 's is net auszudenken,
stiehn meitog zwee Monnsen drauf, keener konn's drlenken.
Wu se hie will, damscht sie hie, mit ihrn dicken Kupp,
on dr Hommer schleet in Takt uff den alten Tupp.

Fährt's Zügle uffn Bohnhof ei, gibt's eitel ka Gefitze,
stieht aner mit der Fliegenklatsch on mit dr ruten Mütze.
Vor dan poriert's uff jeden Wink, uff jeden Schritt und Tritt.
Ich glab, wenn dar ins Wosser gieht, gieht's Bimmelbahnel mit.

On wie wor mr her on fruh, wie mersch Bahnel kriegten,
wie se's erschte Mol raufkom durch die Stöllner Fichten,
hohn mer do net laut gebrüllt: „De Eisenboh sull labn?"
On nu honser 'n Tudesstuß ganz on gar gegab'n.

Max Nacke (1883–1958), einst Bergmann in Altenberg, war ein bekannter Mundartdichter und Leiter einer Volksmusikgruppe. Durch seine erzgebirgischen Heimatabende, besonders im 1924 von ihm gekauften und ausgebauten „Alten Raupennest", wurde er populär. Mit dem mundartlichen Lied über „s Bimmelbahnel" setzte er der Schmalspurbahn ein Denkmal und fügte zur letzten Fahrt am 14.8.1938 diese sechste Strophe hinzu.

Der Umbau zur Normalspurstrecke

Warum Normalspur?

Warum sollte die am 18. November 1890 bis Geising erbaute und am 10. November 1923 bis Altenberg verlängerte Schmalspurbahn auf Normalspur umgestellt werden? Wesentliche Gründe waren:
- Kollisionen von Schmalspurzügen mit Straßenfahrzeugen waren fast alltäglich, weil immerhin 266, zumeist ungesicherte Bahnübergänge bestanden, davon 25 mit der zur Reichsstraße 171 aufgewerteten Müglitztalstraße. Die Kreuzungen mit Straßen und Wegen waren drastisch zu reduzieren.
- Die Hochwasserkatastrophen vom 8. Juli 1927 und 31. Juli 1897 erinnerten daran, die neue Bahn höher als die Müglitz zu legen.
- Die Busse der KVG Sachsen und der Reichspost erreichten den Erzgebirgskamm wesentlich schneller als die Bahnreisenden, die dazu noch in Heidenau umsteigen mußten.
- Der angestiegene Güterverkehr im unteren Müglitztal wurde durch das Umladen in Heidenau verzögert. Für eine Umspurung der Anschlußbahnen fehlte das Geld (erst sehr spät verzichtete man auf einen parallel betriebenen schmalspurigen Güterverkehr).

Die Müglitztalbahn war die wirtschaftlichste im sächsischen Schmalspurnetz und hatte 1930 ihre Leistungsgrenze erreicht. Der Verwaltungsrat der DRG stimmte deshalb am 20./21. September 1934 einem Umbau auf Normalspur zu. Das Projekt „Beseitigung der schienengleichen Übergänge und vollspuriger Ausbau der Nebenbahn Heidenau – Altenberg" (beachtenswert die Reihenfolge) nutzten die braunen Machthaber geschickt für ihre Propaganda aus: Arbeitsplätze entstanden (zumindest zeitweise) und der Straßenverkehr wurde gefördert (die Reichsbahn hatte die Talstraße durchgehend auf 6 m Breite zu erweitern). Die neue Bahnstrecke wurde zum Renommierobjekt von Land und Reich, die das Vorhaben finanziell unterstützten.

Der Verein Sächsischer Heimatschutz leistete Widerstand, weil die neue Bahntrasse das Tal verschandeln würde. Aufgrund des „Gesetzes gegen Verunstaltung von Stadt und Land" von 1909 und des Sächsischen Heimatschutzgesetzes von 1934 mußte die DRG ihre Pläne ändern, doch bescherten die Querelen schließlich landschaftstypische Empfangsgebäude, Stellwerke und Güterschuppen, die für die Bahn charakteristisch sind und heute zum Teil unter Denkmalschutz stehen.

Welche Linienführung?

Um Arbeitslose zu beschäftigen, begannen schon am 24. Dezember 1934 die Bauarbeiten für die neue Trasse in Geising (Tunnel, zwischen Hartmann- und Sandermühle) und bei Bärenstein, obwohl die endgültige Linienführung noch nicht überall feststand. Das betraf vor allem die Anschlüsse für die Betriebe zwischen Köttewitz und Weesenstein sowie die Ortsdurchfahrt in Glashütte.

Zwar wollte man für die Industrie im unteren Müglitztal anstelle des Schmalspurbahnhofs Köttewitz einen „Güterbahnhof Köttewitz" vorhalten, doch war die Spurweite unklar. Blieben die Anschlußgleise schmalspurig, so mußten die Normalspurwagen mittels Rollwagen den Werken übergeben werden; dann konnte die Straße nicht verbreitert werden (die Schmalspurstrecke von Heidenau aus hätte zum Zuführen der Güterwagen genutzt werden können, weil die Normalspurstrecke ziemlich unabhängig davon verlief). Letztlich entschied man sich für den Bau eines normalspurigen Güterbahnhofs Köttewitz, weil der Schmalspurbahnbetrieb und der Bau der neuen Trasse kaum beeinträchtigt wurden. Nur in Dohna mußte während der Bauzeit ein Schmal-

Bauarbeiten am künftigen Haltepunkt Weesenstein im Frühjahr 1938. Für den neuen Bahndamm verwendete man die Ausbruchsmassen des Köttewitzer und des Weesensteiner Tunnels.
Foto: Sammlung Jörg Köhler

spurgleis zugunsten eines Normalspurgleises entfallen.

Für Weesenstein schlug der Heimatschutzverein 1934 vor, einen vorgesehenen Tunnel auf 650 m zu verlängern, damit das dem Verein gehörende Schloß und seine Umgebung nicht beeinträchtigt würden. Die geplante Linienführung mußte im Dezember 1935 geändert werden. Hintergrund war auch die Reichsstraße in diesem Bereich, deren Verlegung gefordert und finanziell unterstützt wurde. Der Generalinspekteur für das deutsche Straßenwesen forderte generell einen Ausbau der Talstraße auf 6 m Breite – auch an den Stellen, die vom Bahnbau nicht betroffen waren. Im Bereich Burkhardswalde-Maxen – Peschelmühle wechselten Straße und Bahn die Trassen. Für Schlottwitz lehnte der Generalinspekteur eine finanzielle Beteiligung ab, weil von der Verlegung nur die Gemeinde und die DRG profitierten.

Für Glashütte bestanden vier Entwürfe, über die man sich lange nicht einigen konnte. Erst am 26. März 1936 entschied die Hauptverwaltung in Berlin, den neuen Bahnhof etwa 2 m höher als den Schmalspurbahnhof anzuordnen. Zwar lagen nun die Gleise des unteren Bahnhofskopfes im Bogen, doch konnte man einen Fußgängertunnel zum Mittelbahnsteig und ein neues „werbendes Empfangsgebäude" errichten. Damit verlief die neue Bahntrasse am östlichen Talhang und kreuzte nicht mehr die Straße, jedoch befanden sich die Güterladegleise wieder auf Straßenniveau. Vor dem Bau des neuen Bahnhofs mußten ab 10. Juli 1938 bis auf das Durchfahrtsgleis alle Schmalspur-

Entgegen den Planungen mußte auch der Mittelteil des Gleisbergtunnels ausgemauert werden. Da es 1937 an Facharbeitern und geeigneten Tunnelklinkern mangelte, entwickelte die Philipp Holzmann AG eine Sonderausführung. Vorgefertigte Gewölbeschalen aus Beton wurden hochgezogen und gespreizt.
Foto: Max Rische (Sammlung Uhrenmuseum Glashütte)

Das fertiggestellte Portal des Tunnels vor dem Geisinger Viadukt.
Foto: Sammlung Bernd Kuhlmann

gleise aufgegeben werden, so daß die Züge fortan in Oberschlottwitz oder Schüllermühle kreuzten.

Da nun in Glashütte die Normalspurgleise höher liegen, mußte zwischen Oberschlottwitz und Bärenhecke auf 8 km Länge die neue Trasse in den felsigen Steilhang gehauen werden. Der größte Umbau erfolgte am Wittichschloß, wo der Felseinschnitt von 3 auf 30 m Breite zu erweitern war. Hier mußten Fluß, Straße und Schmalspurbahn verlegt werden, bevor der Bau der Normalspurstrecke beginnen konnte.

Die Trassenänderung bei Glashütte erforderte zwei weitere Tunnel, während die beiden bei Weesenstein aus den Forderungen des Heimatschutzvereins resultierten. Vor Geising entstand ein weiterer Tunnel. Insgesamt verläuft die Müglitztalbahn auf 1.494 m Länge im Tunnel, und zwar:
– Köttewitzer Tunnel (198 m lang im Bogen von 250 m Radius bei 4 Promille Steigung)
– Weesensteiner Tunnel (240 m lang im Bogen von 600 m Radius bei 4 Promille Steigung)
– Pilztunnel (292 m lang im Bogen von 275 m bei 20 Promille Steigung)
– Gleisbergtunnel (539 m lang in der Geraden bei 25 Promille Steigung)
– Geisingtunnel (235 m lang im Bogen von 140 m bei 33 Promille Steigung)

*Vor Einführung des Arbeiterzugverkehrs Bärenstein – Altenberg unternahm man Ende September 1938 eine Brückenlastfahrt mit einer 84er. Zwischen Glashütte und Bärenstein wurde die Trasse teilweise bis zu 15 m über der Talsohle angelegt. Hier sieht man gut, wie der Neubau eine erhebliche Streckenverkürzung ermöglichte.
Foto: Höhnel
(Sammlung Jörg Köhler)*

*Eine im Bauzugdienst eingesetzte Dampflok der Baureihe 98^{70} befuhr 1937/38 aus dem Gleisbergtunnel kommend die Brücke in Richtung Bärenhecke.   Foto: Sammlung Johannes Tutschke
Unten: Die Wölbbogenbrücke bei Köttewitz überspannt die heutige Bundesstraße, die Müglitz und anfangs auch die Schmalspurbahn. Bei einer Brückenlänge von 92 m beträgt die Spannweite des Bogens 30,5 m.   Foto: Wayss & Freitag AG (Sammlung Günther Klebes)*

Ein in Geising geplanter Fußgängertunnel wurde nicht verwirklicht. Hinter dem Bahnhof entstand ein 500 m langer und bis zu 20 m tiefer Einschnitt im Bogen von 140 m, weil die Normalspurstrecke größere Radien erfordert. Von den 75 neuen Brücken wurden 71 in Stahlbetonbauweise, wegen der Stahlknappheit aber nur vier als stählerne Vollwandbrücken ausgeführt. Ohne die Statik vollständig berechnen zu können, entstand in Geising eine 80 m lange, in einem Radius von 140 m liegende und in Segmenten gegossene Stahlbetonbrücke, die auch nach über 60 Jahren den Belastungen standhält. Die schönste aller Brücken ist der Köttewitzer Viadukt, der sich mit einem Wölbbogen von 40 m Spannweite in 16 m Höhe über das Tal spannt.

Die geplante Betriebstechnologie

Bereits im Februar 1935, als die endgültige Linienführung noch nicht feststand, legte die RBD Dresden die Bedingungen für die neue Strecke fest: Achsbzw. Radsatzlast 20 t, Meterlast 8 t/m, kleinster Radius 140 m (in Anschlußgleisen auch 100 m), Achsfolge der Lokomotiven 1'E1', Einsatz von Drehgestellwagen sowie Ausschluß von zweiachsigen Güterwagen über 6,50 m Achsstand. Da die Aufträge für die neuen Fahrzeuge schon vergeben waren, konnten deren Eigenschaften in die Planung der Bahnhöfe und Gleislängen einfließen.

Auf der Müglitztalbahn sollten 72,55 m lange Halbzüge (zwei C4itr-, ein BC4i-Wagen und eine Lok der BR 84), 129,15 m lange Stammzüge (zwei Halbzüge mit einer Lok) sowie im Wintersportverkehr 258,3 m lange Doppelzüge mit zwei 84ern verkehren. Diesen Zuglängen – wesentlich größer als die von Schmalspurzügen – mußten Bahnsteig- und Gleislängen angepaßt werden. Da die überwiegend beengten Bahnhöfe nicht erweitert werden konnten, plante man „A-Bahnhöfe" mit Stell-

Das Altenberger Empfangsgebäude kurz nach der Fertigstellung (1939). Die parallel zur damaligen Reichsstraße stehende hölzerne Querhalle, die den Reisenden einen Wetterschutz bot, brannte in den ersten Nachkriegstagen ab und wurde nicht wieder aufgebaut.
Foto: Sammlung Bernd Kuhlmann

werk, fernbedienten Weichen und 260 m langen Gleisen, auf denen Doppelzüge kreuzen konnten. Dazu gehörten Heidenau, Burkhardswalde-Maxen (nur ein Gleis mit 260 m Länge möglich), Glashütte (konnte nicht gebaut werden), Bärenstein und Altenberg. In „B-Bahnhöfen" mit 135 m Gleislänge sollten Stammzüge kreuzen können. Zum Bau von „C-Bahnhöfen", in denen nur Halbzüge kreuzen konnten, kam es nicht mehr. Wie erwähnt, konnte aus baulichen Gründen nicht alles realisiert werden: Die Bahnhöfe Burkhardswalde-Maxen, Glashütte und Lauenstein erhielten je ein Gleis von 135 und 260 m. Trotzdem stattete man nicht nur A-Bahnhöfe mit Stellwerken aus. Den festgelegten Gleislängen mußten sich andere Züge anpassen, wie z. B. die aus Berlin vorgesehenen Wintersportzüge, deren Länge dann zu begrenzen war.

Da Bahnhofsgleise möglichst in der Ebene liegen oder nur geringe Steigungen aufweisen sollen, konnten sie nicht beliebig lang werden, weil sonst die Streckenabschnitte steiler und die Züge wegen der begrenzten Zugkraft der Lokomotiven langsamer geworden wären. Die RBD Dresden forderte eine Höchstgeschwindigkeit von 70 km/h, ab Geisinger Tunnel 60 km/h. Mit im Bogen überhöhten Schienen konnten selbst Gleisradien bis zu 230 m noch mit 70 km/h durchfahren werden. Das Reichsverkehrsministerium hielt dagegen 65 km/h bei einem Bremsweg von 400 m für ausreichend, weil an Bahnübergängen die Übersicht nicht so groß sein müsse. Schließlich setzte sich die RBD Dresden durch. Nur der Bf Altenberg erhielt einen Vorsignalabstand von 400 m, weil wegen der Stumpfgleiseinfahrt nur 10 km/h zugelassen waren.

Die Beamten der RBD Dresden ließen die normalspurige Müglitztalbahn schließlich zu einem Musterbeispiel werden, wie betriebliche und verkehrliche Notwendigkeiten sowie bauliche Möglichkeiten aufeinander abzustimmen waren.

Eröffnung mit Hindernissen

20,6 km, also 54% der Gesamtstreckenlänge, verliefen außerhalb der Schmalspur und konnten unabhängig von ihr errichtet werden. Obwohl die Schmalspurbahn auch zum Aufbau der neuen Trasse gebraucht wurde, war eine generelle Betriebspause für die Umstellung nötig. Im November 1937 einigte man sich in der RBD Dresden aus baulichen Gründen darauf, die gesamte Normalspurstrecke an einem einzigen Tag zu eröffnen, und avisierte dafür zunächst den 15. August, dann den 26. September 1938. Dagegen sollte die Schmalspurbahn etappenweise stillgelegt werden – oberhalb von Lauenstein am 15. August, unterhalb erst am 29. August 1938.

Die Güterbeförderung mit Lkw der Bahn und anderer Unternehmer begann schon am 4. August 1938. Für den Personenverkehr stellte die Reichspost ab 15. August die Busse, ab 29. August 1938 auch die DRB und die KVG Sachsen. Die Lkw reichten wegen der Kriegsvorbereitungen bald nicht mehr aus, so daß Berliner Unternehmer verpflichtet wurden. Da noch Bahnhofsgleise für Zugkreuzungen und den Güterverkehr fehlten und Hochbauten nicht fertig waren, verzögerte sich die eigentlich für den 22. Dezember vorgesehene Einweihung. Am 14. Dezember rutschten am km 17,2 zwischen Oberschlottwitz und Glashütte 200 m³ Felsmassen wegen eingeschlossener und durchfeuchteter Lehmschichten und nachfolgendem Frost von der Böschung in den Bahneinschnitt. Die Geologen schlugen vor, die Neigung von 2:1 auf 1:1 abzuflachen. Die Eröffnung mußte wiederum verschoben werden. Nach Räumung der verschütteten Gleise brachte man für einen Inselbetrieb Glashütte – Altenberg drei Lokomotiven, 18 Personenwagen sowie je fünf offene bzw. gedeckte Güterwagen mit 5 km/h über die Felssturzstelle nach Altenberg.

Trotzdem fuhr am 24. Dezember 1938 ein Eröffnungszug von Dresden nach Altenberg, aber die geladenen Gäste mußten – wie danach alle Reisenden – zwischen Niederschlottwitz und Glashütte Busse benutzen. Am 3. Januar 1939 unterbrach man den provisorischen Betrieb an der Rutschstelle erneut. Endlich konnten ab 26. April 1939 die Züge zwischen Dresden und Altenberg durchgehend verkehren.

Bahnanlagen – Signale – Betriebsführung

Steigungen und Krümmungen

Mit der Neutrassierung für Normalspur verkürzte sich die Streckenlänge von 41,54 auf 38,03 km. Zugleich erhöhten sich die Steigungen von 15,38 auf 16,67 (im Schnitt) bzw. von 33,33 auf 36,253 Promille (maximal) sowie 40 Promille beim Güterbahnhof Köttewitz. Zwischen Baukosten und Neutrassierung fand man in der Weise ein günstiges Verhältnis, daß alle Bahnhofshaupt- und Streckengleise einen Gleisradius von mindestens 140 statt der üblichen 180 m erhielten. Der kleinste Radius in diesen Gleisen betrug 139,22 m (nämlich im Gleis 3 des Bf Glashütte bei der Ausfahrt nach Heidenau; heute nicht mehr vorhanden). Radien von 140 m treten noch dreimal auf: Als Bogen-Gegenbogen-Konstruktion von km 25,50 bis 26,13 zwischen Bärenstein und Lauenstein, im Geisinger Tunnel und auf der anschließenden Brücke sowie im Einschnitt nach der Ausfahrt aus Geising.

Bei allen anderen Gleisen von Normalspurstrecken (also in Neben- und Anschlußgleisen) durfte der Radius bis auf 100 m verringert werden, wenn auf den Einsatz bestimmter Lok- und Wagengattungen verzichtet wurde. Diese Möglichkeit schöpfte man für die Anschlußgleise der Müglitztalbahn aus. Da die Lokomotiven allgemein nur eine Bogenläufigkeit von 150 m besaßen, mußten für die Neubaustrecke und die Anschlußbedienung neue, für 100-m-Bögen geeignete Lokomotiven entwickelt werden; das führte zur Baureihe 84.

Diese Radien schränkten den Fahrzeugeinsatz ein: Zweiachsige Güterwagen für die Anschlüsse durften höchstens 6,50 m Achsstand haben, dreiachsige Reisezugwagen waren nur bis Bärenstein zugelassen und „normale" Lokomotiven durften keine Anschlüsse bedienen und höchstens bis Bärenstein gelangen.

Obwohl die normalspurige Müglitztalbahn ein Neubau war, verwendete man 1938 nur gebrauchte Schwellen, Schienen und Weichen. Das waren solche Oberbaustoffe, die für die mit über 120 km/h befahrenen Hauptbahnen nicht mehr geeignet waren, aber für eine Geschwindigkeit von 70 bzw. 60 km/h noch ausreichten. So fand man gebrauchte Schienen der sächsischen Formen VI und V^a vor. In Nebengleisen verwendete man sogar die noch leichtere

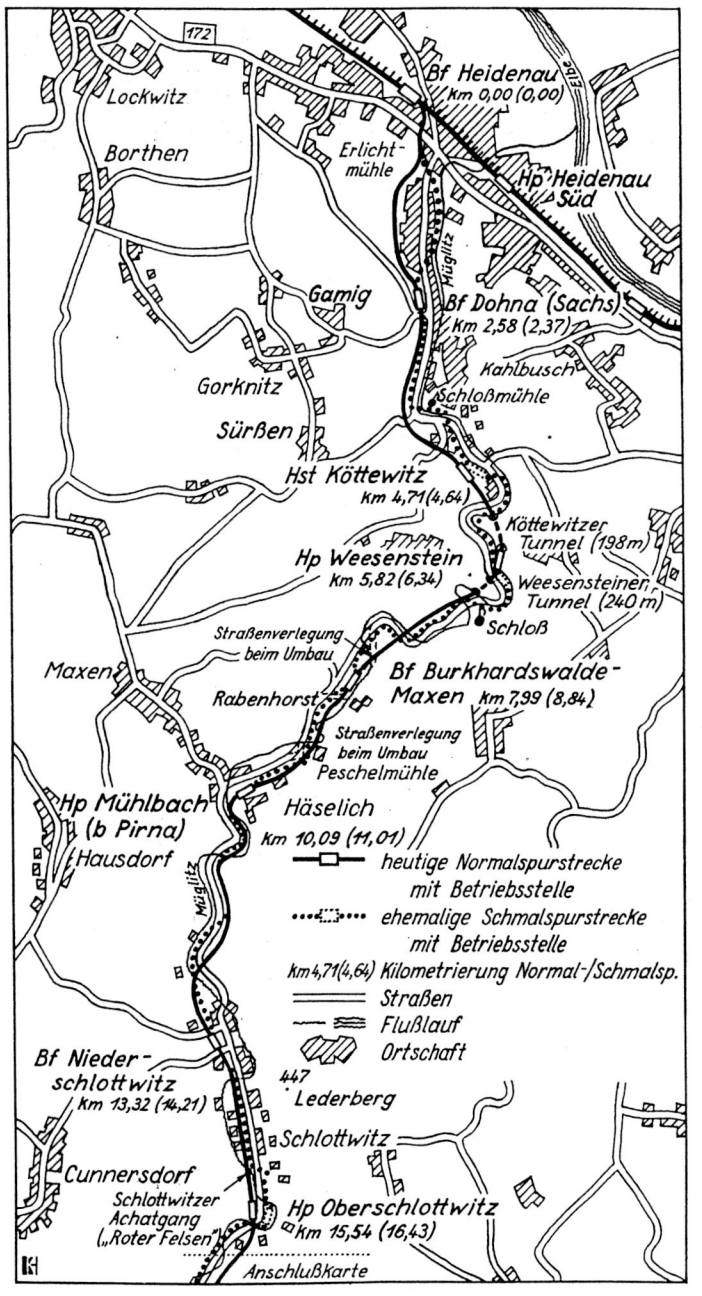
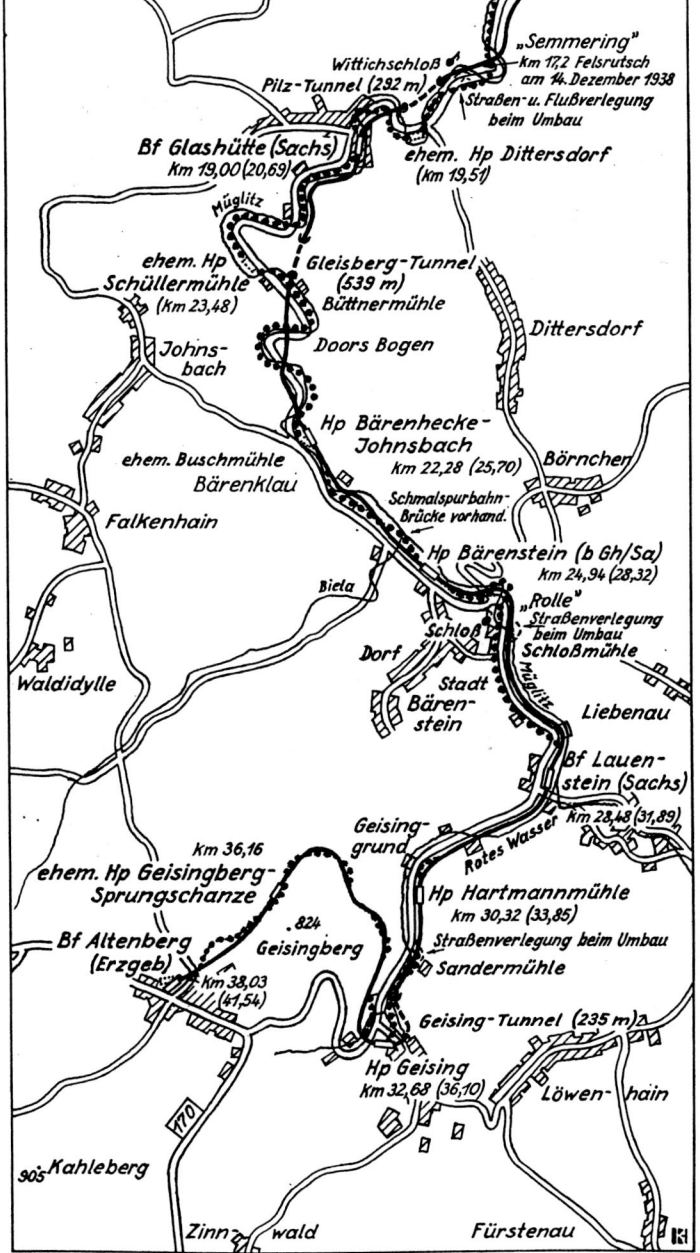

Betriebsstellen der Müglitztalbahn (Bezeichnungen der Anschlußbahnen von 1990)

km	Betriebsstelle	Art	Bemerkungen
0,00	Heidenau	Bahnhof	
2,58	Dohna (Sachs)	Bahnhof	Anschlußbahnen VEB Druckguß Heidenau (ehem. Stahlziehwerk Dohna) und BHG (Kornhaus Dohna)
4,35	Köttewitz Güterbahnhof	Ausweichanschlußstelle	Anschlußbahnen: VEB Chemiewerk Nünchritz – BT Dohna (ehem. Chemische Werke Humann & Teistler), VEB Vereinigte Papierfabriken Heidenau Werk Dohna (ehem. Papierfabrik Dohna) und ehem. Strohstoffwerk Dohna
4,71	Köttewitz	Haltepunkt	seit 26.9.1982 Bedarfshaltepunkt; in Verbindung mit Köttewitz Gbf als „Haltestelle" bezeichnet
5,82	Weesenstein	Haltepunkt	
7,99	Burkhardswalde-Maxen	Bahnhof (bis 14.11.1996)	Anschlußbahn: VEB Metallverarbeitung Maxen (ehem. Gleis 3)
9,42	Peschelmühle	Anschlußstelle	Anschlußbahn: VEB Vereinigte Zellstoffwerke Pirna Peschelmühle
10,09	Mühlbach (b Pirna)	Haltepunkt	bis 1968 Haltestelle (mit Ladegleis)
13,32	Niederschlottwitz	Blockstelle	Bahnhof bis 16.5.1999; Anschlußbahnen: Agrochemisches Zentrum (ehem. BHG), VEB Gießerei und Maschinenbau Schlottwitz (ehem. Berlin-Sächsische Maschinenfabrik und Eisengießerei bzw. VEB Robotron Dresden)
15,54	Oberschlottwitz	Haltepunkt	
19,00	Glashütte (Sachs)	Bahnhof	Anschlußbahnen: VEB Vereinigte Pappen- und Kartonagenwerke – Paka – Glashütte (ehem. Pappenfabrik Osthushenrich), bis etwa 1966 VEB Kohlehandel (ehem. Firma Leupold bzw. Klemmer)
22,28	Bärenhecke-Johnsbach	Haltepunkt	
22,68	Bärenhecke-Johnsbach	Ladestelle (bis 1968)	1968–72 Anschlußstelle; Anschlußbahn: bis 1972 BHG (Mühle und Brotfabrik Bärenhecke); in Verbindung mit Hp Bärenhecke-Johnsbach als „Haltestelle" bezeichnet
24,94	Bärenstein (b Glashütte/Sachs)	Haltepunkt	bis 2.8.1977 Bahnhof
26,55	Sägewerk Bärenstein	Anschlußstelle	Anschlußbahn: VEB Sägewerk Bärenstein
28,47	Lauenstein (Sachs)	Blockstelle	Bahnhof bis 16.5.1999; Anschlußbahn: BHG Müglitztal/Dippoldiswalde – BT Lauenstein
30,32	Hartmannmühle	Haltepunkt	ab 1.6.1980 Bedarfshaltepunkt
30,87	Sächs. Hartsteinwerke		bis 1943/44 Anschlußstelle für gleichnamige Anschlußbahn
32,68	Geising	Haltepunkt	bis 29.11.1971 Bahnhof; Anschlußbahnen bis 1966: Kohlenhandlung Behr, Firma Dittrich (Getreidelager)
36,13	Geisingberg-Sprungschanze		Bedarfshaltepunkt für Wintersportzüge bis ca. 1940/41
38,03	Altenberg (Erzgeb)	Bahnhof	Anschlußbahn: VEB Zinnerz Altenberg – Heizwerk

Schiene der preußischen Formen 6e (S 33) oder auch 8a bzw. der österreichischen A. Beabsichtigt war, nach zwei bis drei Jahren die alten Schienen durch solche der üblichen Form S 49 zu ersetzen, doch unterblieb das wegen des 2. Weltkriegs und der Stahlknappheit. Ein Umbau war erst 1958/59 möglich, als die alten Schienen abgefahren waren. Auch heute finden wir stellenweise noch Weichen aus der Länderbahnzeit vor, sächsische aus Schienen der Formen VI und Vᵃ.

In km 9,06, nahe der Peschelmühle, überquert die Bahn die Müglitz auf einer Stahlbetonbrücke. Ungewöhnlich war hier der auf rund 20 m Länge eingebaute schwellenlose Oberbau, einmalig jedoch die Schienenbefestigung: Zwischen den auf Betonklötzen ruhenden Unterlagsplatten auf der Brücke und denen der Schienenbefestigung waren im Abstand der sonst üblichen Schwellen „Federtöpfe" zwischengesetzt, die wie ein Puffer an Eisenbahnfahrzeugen aufgebaut waren und sich nicht verkanten oder verschieben konnten. Durch die Elastizität der Federtöpfe ergab sich beim Befahren nur ein geringer Geräuschpegel. Mit dieser einmaligen Oberbauanordnung, die später gegen normalen Schwellenoberbau mit Schotter ausgetauscht wurde, wollte man einen weichen Übergang zwischen dem recht elastischen Schottergleis und dem starren Brückengleis erzielen, die Hauptträger von Stahlbeton- und Stahlbrücken vor harten Stößen schützen und eine längere Lebensdauer erreichen. Die 1938 gewählte Bauform war bis in die 80er Jahre hinein in gutem Zustand.

Zwar strebte man schon 1938 eine generelle Stahleinsparung an, doch baute man im Müglitztal in großem Umfang noch Stahl-Trogschwellen der Form Sw 51 b ein, ebenfalls altbrauchbar. Für die Verlegung solcher Schwellen ist das Schotterbett zuvor mit speziellen Füllformen so vorzurichten, daß die daraufgelegte Stahl-Trogschwelle völlig unterfüttert ist und schließlich fest im Schotterbett liegt. Der aufwendige Einbau war in früheren Zeiten bei einer mittleren Liegedauer neuer Stahlschwellen von 40–50 Jahren gerechtfertigt. Die gebrauchten hatten aber höchstens eine Restlebensdauer von 20–30 Jahren und führten bis 1963 zu Langsamfahrstellen.

In Gleisen mit weniger als 250 m Radius waren nach früheren Vorschriften Leitschienen neben der Fahrschiene auf der Bogeninnenseite vorzusehen. Mit ihnen sollte eine bessere Spurführung der Fahrzeuge in Gleisbögen bei gleichzeitig verringerter Abnutzung der äußeren Fahrschiene erzielt werden. Obwohl mit einer

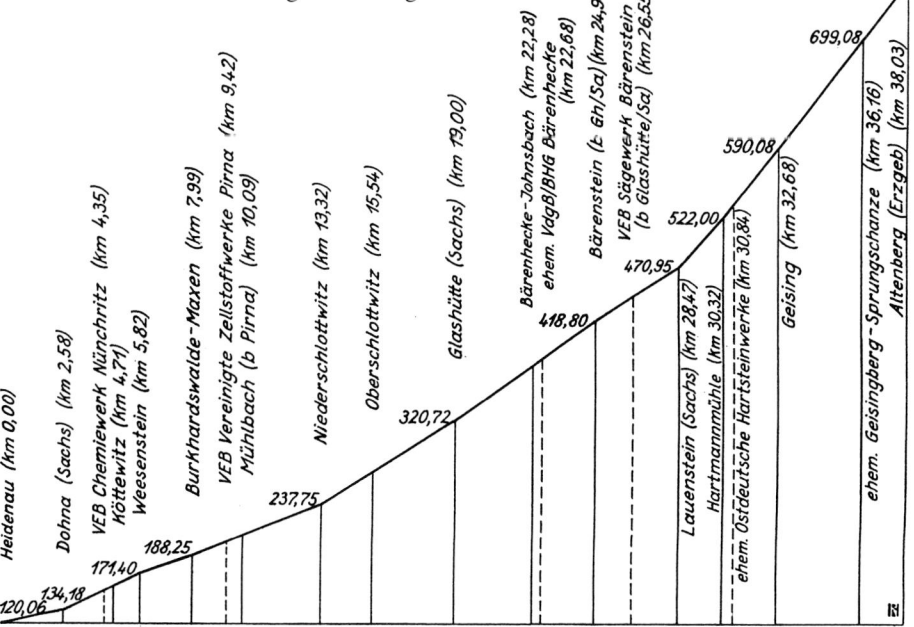

Die 86 337 des Bw Pirna am 24.8.1953 mit einem Übergabezug nach Köttewitz im Bahnhof Dohna.
Foto: Hans-Joachim Simon

Zwischen 1948 und 1955 bestand am „Dienstbahnsteig" in Glashütte ein Bekohlungsgerüst. Erst mußten Rohkohlen, später mit Briketts gemischt und zuletzt nur noch Briketts in Körben auf das Podest geschleppt und in den Tender gekippt werden – eine harte Arbeit!
Foto: Sammlung J. Tutschke

Leitschiene auch die Lagestabilität des Gleises erhöht wird (d. h. Richtungs- und Höhenfehler im Gleis treten bei laufenden Betrieb seltener auf), war ihr Wert umstritten. Ein Gleis mit Leitschiene erfordert einen höheren Unterhaltungsaufwand als ein leitschienenloses. Konnte das Leitschienengleis nicht wie erforderlich gewartet werden, war die seitliche Abnutzung der äußeren Fahrschiene genau so groß wie die in einem normalen, im Bogen verlegten Gleis. Gerade auf der Müglitztalbahn gab es sehr viele Leitschienen, die man daher in den 70er Jahren zum größten Teil ausbaute und durch Entgleisungsschutzschienen ersetzte.

Das Bremsen des Zuges auf langen Gefälleabschnitten bewirkt u. a. ein geringes Gleiten der gebremsten Räder auf den Schienen, die versuchen, in Fahrtrichtung auf den Schwellen zu „wandern". Um den Durchschubwiderstand der Schienen zu erhöhen, bringt man an den Schienenfüßen in bestimmten Abständen Wanderschutzmittel an (Keil- oder Schraubenklemmen), die sich an den Schwellen abstützen. Dessen ungeachtet kann es auch dann zum Wandern des Gleises kommen, wenn die Verdichtung der Bettung (Schotter) zwischen den Schwellen und vor den Schwellenköpfen nur gering ist. Das alles erfordert ständig einen hohen Unterhaltungsaufwand am Gleis und an der Bettung.

Als Höchstgeschwindigkeit waren ursprünglich 70 km/h bis Geising und 60 km/h bis Altenberg erlaubt. Um sie mit den Lokomotiven der Baureihe 84 ausfahren zu können, mußte in Gleisbögen die äußere Fahrschiene gegenüber der inneren erhöht werden, damit die Seitenbeschleunigung teilweise ausgeglichen wird. Da als maximale Überhöhung 150 mm zugelassen sind, konnten auf der Müglitztalbahn selbst Gleisbögen von 230 m noch mit 70 km/h befahren werden. Bei kleineren Radien mußte allerdings die Geschwindigkeit vermindert werden.

Dienststellenorganisation auf der Müglitztalbahn bis Juni 1992

Bf Dohna mit Hp Köttewitz und Weesenstein	bis 1969 selbständig, danach dem Bf Glashütte unterstellt
Bf Burkhardswalde-Maxen mit Hp Mühlbach	bis 1952 selbständig, bis 1969 dem Bf Dohna bzw. danach dem Bf Glashütte unterstellt
Bf Niederschlottwitz mit Hp Oberschlottwitz	bis 1956 selbständig, danach dem Bf Glashütte unterstellt
Bf Glashütte (Sachs)	bis 1969 selbständig, danach der BV-Dienststelle Pirna unterstellt, ab 1978 wieder selbständig
Bf Bärenstein mit Hp Bärenhecke-Johnsbach	bis 1952 selbständig, bis 1960 dem Bf Lauenstein und dann dem Bf Glashütte unterstellt (1977 in Hp umgewandelt)
Bf Lauenstein mit Hp Hartmannmühle	bis 1960 selbständig, dann dem Bf Glashütte unterstellt
Bf Geising	bis 1960 selbständig, dann dem Bf Glashütte unterstellt (1971 in Hp umgewandelt)
Bf Altenberg (Erzgeb)	bis 1960 selbständig, dann dem Bf Glashütte unterstellt

Die Luttermöller-Lok 84 003 vom Bw Dresden-Friedrichstadt mit einem aus drei Wagen bestehenden Halbzug auf Bergfahrt bei Bärenstein. Foto: Carl Bellingrodt (Sammlung Gerhard Moll)

Die Lokomotivverbote

Der Lokeinsatz richtet sich nicht nur nach der Bogenläufigkeit, sondern auch nach der Achslast (nachfolgend wird der heute übliche Begriff „Radsatzlast" verwendet). Die Müglitztalbahn legte man für eine Radsatzlast von 18 t (Brücken für 21 t) und eine Meterlast von 8 t/m aus. Bei Eröffnung der Normalspurstrecke mußten die Lokomotiven Bögen von 180 m (Heidenau – Glashütte) bzw. 140 m (Glashütte – Altenberg) anstandslos befahren können. Beim Bau der Normalspurstrecke dienten zwischen Heidenau und Glashütte vor Arbeitszügen die Baureihen 38^{2-3}, 38^{10-40}, 54^6, 55^{25-56}, 57^{10-35}, 64, 74^{4-13}, 86, 91^{3-18}, 92^{10} und 93^{5-12} sowie zwischen Heidenau und Altenberg die Baureihen 84 und 98^0. Diese Einsatzbeschränkungen galten noch bis zum Beginn des Winterfahrplans 1940. Dann überarbeitete man das Lokverbot und legte es großzügiger aus. Bis Glashütte waren nun zusätzlich die Baureihen 58^{10-21} und 50 sowie bis Altenberg die Baureihen 64, 86 (ab 86 336), 91^{3-18} (ausnahmsweise) und 93^{5-12} (für Züge bis 50 km/h) zugelassen.

Im Krieg war an eine Schienen- oder Weichenauswechslung nicht zu denken, und man fuhr weiterhin auf gebrauchtem Material. Der Verschleiß nahm zu, weil die Unterhaltungsarbeiten nicht wie erforderlich ausgeführt werden konnten. In den ersten Kriegsjahren mußte man zudem nur bedingt geeignete Wagen und Lokomotiven verwenden, die ebenfalls den Oberbauzustand verschlechterten. Besonders zeigte sich das um 1949/50 mit dem gemeinsamen Betrieb der Baureihen 84 und 86. Der feste Achsstand der 86er drückte in engen Bögen die Schienen auseinander, und ein nachfolgender, mit einer 84er bespannter Zug entgleiste dann häufig an bestimmten Stellen, weil die spurkranzlose Treibachse zwischen die spurgeweiteten Schienen fiel. Das trat besonders im Geisinger Tunnel auf und war mit ein Anlaß, den Mischbetrieb von beiden Baureihen aufzugeben und nur noch 86er im Müglitztal einzusetzen.

Aber auch andere Baureihen, wie die 74^{4-13}, 91^{3-18}, 93^{5-12} und die nicht zugelassenen 52, 56^1, 75^4, 75^5, 75^6, 75^{10-11}, 75^{12}, 94^{4-17}, beeinträchtigen die Gleislage, denn sie erreichten auf den überhöhten Gleisen in den Bögen weitaus nicht die Geschwindigkeit der 84er. So lag nun viel mehr Last auf der Bogeninnenschiene und damit auf den meist stählernen Schwellen, die folglich häufig brachen. 1950 senkte man deshalb die Geschwindigkeit generell auf 50 km/h und verringerte die Bogenüberhöhung. Ferner konnte an den alten Fahrschienen eine größere Höhen- und Seitenabnutzung zugelassen werden, so daß diese noch nicht ausgewechselt werden mußten. Stopf- und Richtarbeiten verringerten sich infolge der niedrigeren Geschwindigkeit ebenfalls. Man änderte erneut das Lokverbot und ließ die Baureihen 42, 50, 52, 64, 74^{4-13}, 84, 86, 91^{3-18}, 93^{5-12} und 98^0 bis Altenberg zu. Bestehende Einschränkungen hob man mit Ausnahme für die BR 93^{5-12} auf. Da 1950 im Bw Dresden-Friedrichstadt nur noch fünf 84er stationiert waren (von denen aber nur die 84 002 und 003 nach Altenberg gelangten), erlaubte man die Anschlußbedienung mit der 86er bei Schrittgeschwindigkeit.

Bis 1955 bestand für die Unterhaltung und Reparatur von Gleisen, Weichen, Bahnsteigen, Laderampen, Entwässerung der Bahnanlagen, Einschnitte, Dämme, Stützmauern, Brücken und Tunnel, für die Unterhaltung und Instandhaltung von Gebäuden sowie für den Liegenschaftsdienst die Bahnmeisterei (Bm) Glashütte, deren Bezirk von km 0,72 bis Altenberg reichte. Als Streckenmeisterbezirk gliederte man sie der Bm Pirna an. Die Unterhaltung der Hochbauten klammerte man jedoch aus dem Aufgabenbereich der Bahnmeisterei aus und übertrug sie den neu gegründeten Hochbaumeistereien (Hbm) – im Fall der Müglitztalbahn der Hbm Pirna, später Dresden.

Um 1955 wurde die maximale Radsatzlast von 18 auf 16 t reduziert. Damit konnte trotz der ab 1950 bestehenden Geschwindigkeitsbeschränkung auf 50 km/h eine noch größere Seiten- und Höhenabnutzung der alten Fahrschienen genehmigt werden. Zugleich verminderten sich die Erhaltungsarbeiten am Gleis, ohne die Betriebssicherheit zu beeinträchtigen. Zugelassen waren fortan nur noch die Baureihen 50, 52, 86, 91^{3-18} und 98^0 sowie die hier nicht eingesetzten Baureihen 64, 50^{40} und

Im März 1970 erreichte eine mit einer 50er bespannte Doppelstockeinheit die mühevoll freigelegten Gleisanlagen des Zielbahnhofs Altenberg.
Unten: Hochbetrieb in Glashütte in den 50er Jahren zum Schichtwechsel. Rechts auf der Rampe ist das provisorische Bekohlungspodest zu sehen.   Fotos: Sammlung Johannes Tutschke

83^{10}. Andere Baureihen durften hier nur mit Sondergenehmigung fahren.

Nachdem bis etwa 1957 nur Unterhaltungen am Gleis vorgenommen worden waren, wechselte man 1958/59 die alten Schienen der Hauptgleise gegen neue der Form S 49 aus – ein Vorhaben, das eigentlich 2 – 3 Jahre nach Eröffnung der Normalspurbahn hätte geschehen sollen. Mit den Schienen tauschte man auch die Länderbahn-Unterlagsplatten gegen solche Platten aus, die man auf den Stahlschwellen aufschweißte (Umbau auf K-Oberbau). Nun konnte die Radsatzlast abschnittsweise von 16 auf 18 t angehoben werden. Es war möglich, die Güterwagen höher auszulasten und auch die BR 38^{10-40} mit 17 t Radsatzlast bis Glashütte wieder einzusetzen.

Beim Umbau auf Normalspur war es üblich, Schwellen und Schienen einzeln zu verlegen – eine kräftezehrende Arbeit! Einen Fortschritt bedeutete es, mit dem Gleisverlegekran ganze Gleisjoche von 15 – 25 m Länge auszutauschen, wie z. B. 1960 zwischen Nieder- und Oberschlottwitz, später auch in Bärenhecke-Johnsbach. Zum anderen lassen aber die geringen Gleisradien nur in weniger gekrümmten Abschnitten einen jochweisen Umbau zu.

Schäden, die 1963 in großem Umfang an den 1938/39 eingebauten Stahlschwellen auftraten, führten zu Langsamfahrstellen. Mit Blick auf die längere Lebensdauer entschied man sich für Betonschwellen. Doch ein kräftiges Zupacken wie bei einer Holz- oder Stahlschwelle genügt bei ihnen nicht, denn sie wiegen rund 250 kg und sind stoß- und schlagempfindlich. Eiligst konstruierte man eine Zange und baute sie an einen meist in der Landwirtschaft verwendeten Autokran T 172 („Mistlader") an, um die Betonschwellen einzeln verlegen zu können. Später verwendete man den Platow-Kran – einen russischen Gleisverlegekran – zum Verlegen von Gleisjochen mit Betonschwellen. Aber auch dieser kann nur Bögen von max. 250 m Radius befahren.

Nach dem Traktionswechsel kamen im Müglitztal die Baureihen 346 (ex DR 106), 201 (110), 202 (112), 204 (114), 228.2-4 (118.2-4) und 219 (119) zum Einsatz. Etwa seit 1980 ist zur besseren Auslastung der Güterwagen zwischen Heidenau und Dohna bzw. Köttewitz Gbf eine Radsatzlast von 21 t erlaubt. Weitere, vor allem stärkere Dieselloks können trotzdem nicht eingesetzt werden.

Die langen Fahrzeiten der Jahre 1971–73 waren vor allem auf die nach 14 Jahren in den Bögen abgefahrenen Schienen zurückzuführen. Besonders der Abschnitt Geising – Altenberg mit seinen engen Radien war betroffen. Um auch hier den Gleisumbau möglichst rationell vornehmen zu können, wechselte man 15 m lange Gleisjoche mit dem Eisenbahndrehkran EDK 80 aus, soweit es das Gelände zuließ. Die einzubauenden Gleisjoche müssen nämlich vorher bzw. die ausgebauten nachher seitlich vom Bahnkörper abgelegt werden. Allerdings waren diesem Kran Gleisjoche mit Betonschwellen zu schwer, so daß nur solche mit Stahl- oder Holzschwellen verwendet werden konnten. Die Umbauleistung mit dem EDK war geringer als beim Einsatz von Gleisverlegegeräten, aber erheblich höher als bei der manuellen Einzelverlegung von Schienen und Schwellen, die zudem einen hohen Personaleinsatz erfordert. Für solche Umbauten wurde die Strecke abschnittsweise gesperrt, und zwar: 21.–25.9.1972 (Lauenstein – Altenberg), 15.–25.6.1974 und 12.4.–16.4.1982 (Glashütte – Altenberg) sowie 8.–10.9. und 22.–24.9.1982 (Burkhardswalde-Maxen – Niederschlottwitz). Die seit 1982 verlegten Gleise (teilweise mit Betonschwellen) lassen Belastungen von 21 t je Achse zu, doch ist noch nicht die gesamte Strecke umgebaut, so daß derzeit noch 18 t gelten.

Die Bahnhöfe (ausgenommen Glashütte und Altenberg) haben bzw. hatten nur zwei Hauptgleise. Gleichzeitige Einfahrten zweier Züge waren nicht möglich, da sich der an das Halt zeigende Ausfahrsignal anschließende Sicherheitsabstand („Durchrutschweg") des einfahrenden Zuges infolge der beengten Lage mit dem Fahrweg für den anderen berührt hätte. Seit Oktober 1999 können in Glashütte nach dem Umbau der Gleis- und Signalanlagen gleichzeitig zwei Züge einfahren. Obwohl sich die meisten Bahnhöfe in einer solchen Neigung befinden, bei der die Gefahr eines selbständigen Abrollens von abgestellten Fahrzeugen besteht, konnten aus baulichen Gründen meistens keine talseitigen Flankenschutz- oder Auffangweichen angeordnet werden. Deshalb kommt der Sicherung abgestellter Fahrzeuge hohe Bedeutung zu. Weil 1964 in Altenberg auf den geneigten Bahnhofsgleisen eine zweiteilige Doppelstockeinheit nicht gebremst war, setzte sie sich in Bewegung, rollte in den Lokschuppen und durchfuhr eine Wand. Die jeweiligen Nebengleise der Bahnhöfe führten zur Ladestraße und zum Güterschuppen, an dem das Stückgut zwischen Bahn und Lkw bzw. Pferdefuhrwerk umgeschlagen wurde. Je nach Örtlichkeit gab es in den Bahnhöfen – also innerhalb der Einfahrsignale – Anschlußbahnen zu örtlichen Betrieben sowie Ladegleise an Güterschuppen.

Sicherungsanlagen

Mit den ab 1939 gültigen Höchstgeschwindigkeiten (70 bzw. 60 km/h) war die Müglitztalbahn eine Nebenbahn mit hauptbahnähnlichem Charakter. Daß dies zugelassen werden konnte, lag an der Trassierung, den leistungsfähigen Lokomotiven und besonders im Beseitigen vieler Bahnübergänge, an denen zuvor sehr viele Unfälle auftraten. Hatten einst 266 Wegkreuzungen bestanden (davon 25 mit der Müglitztalstraße), waren es nach dem Umbau nur noch 65 (neun beschrankt, drei mit verschlossenen Schranken, zwei mit Warnleuchten, fünf mit Drehkreuzen, 46 unbeschrankt).

86 725 – die am längsten im Müglitztal eingesetzte Dampflok – im Jahr 1968 bei der Abfahrt mit einer zweiteiligen Doppelstockeinheit vom Haltepunkt Weesenstein.   Foto: Hans-Joachim Simon
Unten: Auf Talfahrt legte der P 2831 am 25.9.1964 im Bahnhof Lauenstein einen Zwischenhalt ein.
Foto: Sammlung Bernd Kuhlmann

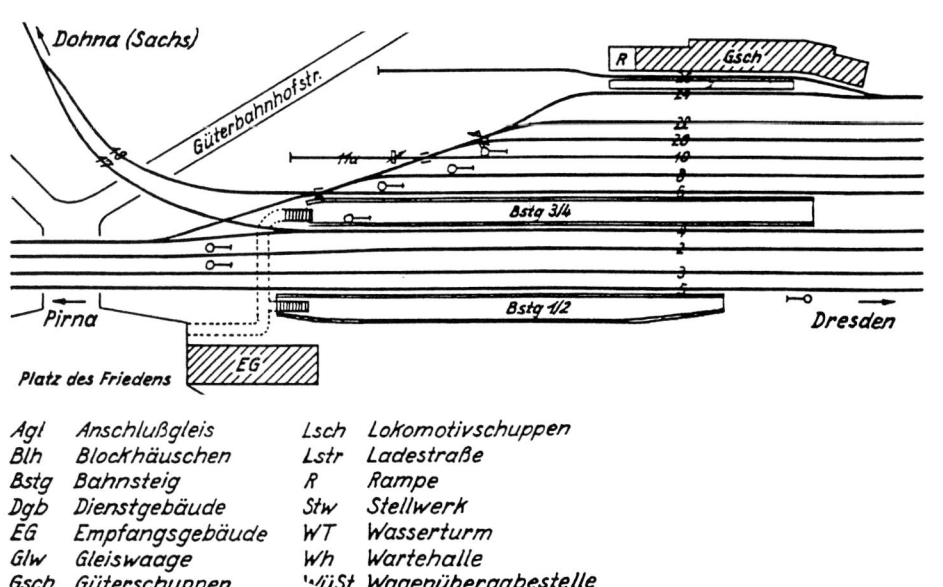

Dohna (Sachs)
Güterbahnhofstr.
Gsch
R
Bstg 3/4
Bstg 1/2
Pirna
Dresden
EG
Platz des Friedens
Agl Anschlußgleis
Blh Blockhäuschen
Bstg Bahnsteig
Dgb Dienstgebäude
EG Empfangsgebäude
Glw Gleiswaage
Gsch Güterschuppen
Lsch Lokomotivschuppen
Lstr Ladestraße
R Rampe
Stw Stellwerk
WT Wasserturm
Wh Wartehalle
WüSt Wagenübergabestelle

Heidenau
Köttewitz
Gsch
EG
Bstg
Stw
Lstr
Agl

Gleispläne der Bahnhöfe Heidenau (1976, oben) und Dohna (bis 1999, unten). Gez.: Bernd Kuhlmann

Gerade auf einer neigungsreichen Strecke ist es wichtig, daß der Lokführer den Zug sicher vor einem Halt zeigenden Signal zum Stehen bringen kann. Für entsprechende Bremswege ist in einer Bremstafel angegeben, welche Zuglast je nach Neigung abgebremst sein muß. Als Bremsweg und damit als Abstand zwischen Vor- und Hauptsignal sind 700 m für die Müglitztalbahn festgelegt (von den 50er Jahren bis Oktober 1999 nur 400 m). Nur an der Altenberger Bahnhofseinfahrt ließ man wegen der geringen Geschwindigkeit und einer vorsichtigen Einfahrt mit 10 km/h in die Stumpfgleise einen Vorsignalabstand von 400 m zu. Damit der Lokführer rechtzeitig auf ein Vorsignal aufmerksam wird, stellte man davor drei Baken auf. Nach 1945 verzichtete man darauf (außer für die Heidenauer Einfahrt) wegen der allgemeinen Geschwindigkeitsreduzierung, doch 1999 wurden die Baken wiedererrichtet.

Den ursprünglichen Höchstgeschwindigkeiten entsprechend erhielten die Bahnhöfe Ein- und Ausfahrsignale. In den Bahnhöfen Glashütte und Geising sowie an den Gleisen 3–5 des Bf Altenberg konnten wegen der räumlichen Enge und der anzustrebenden Nutzlänge der Hauptgleise nur Gruppenausfahrsignale aufgestellt werden, bei denen die Ausfahrt aus mehreren Gleisen auf ein am Ende des Bahnhofs

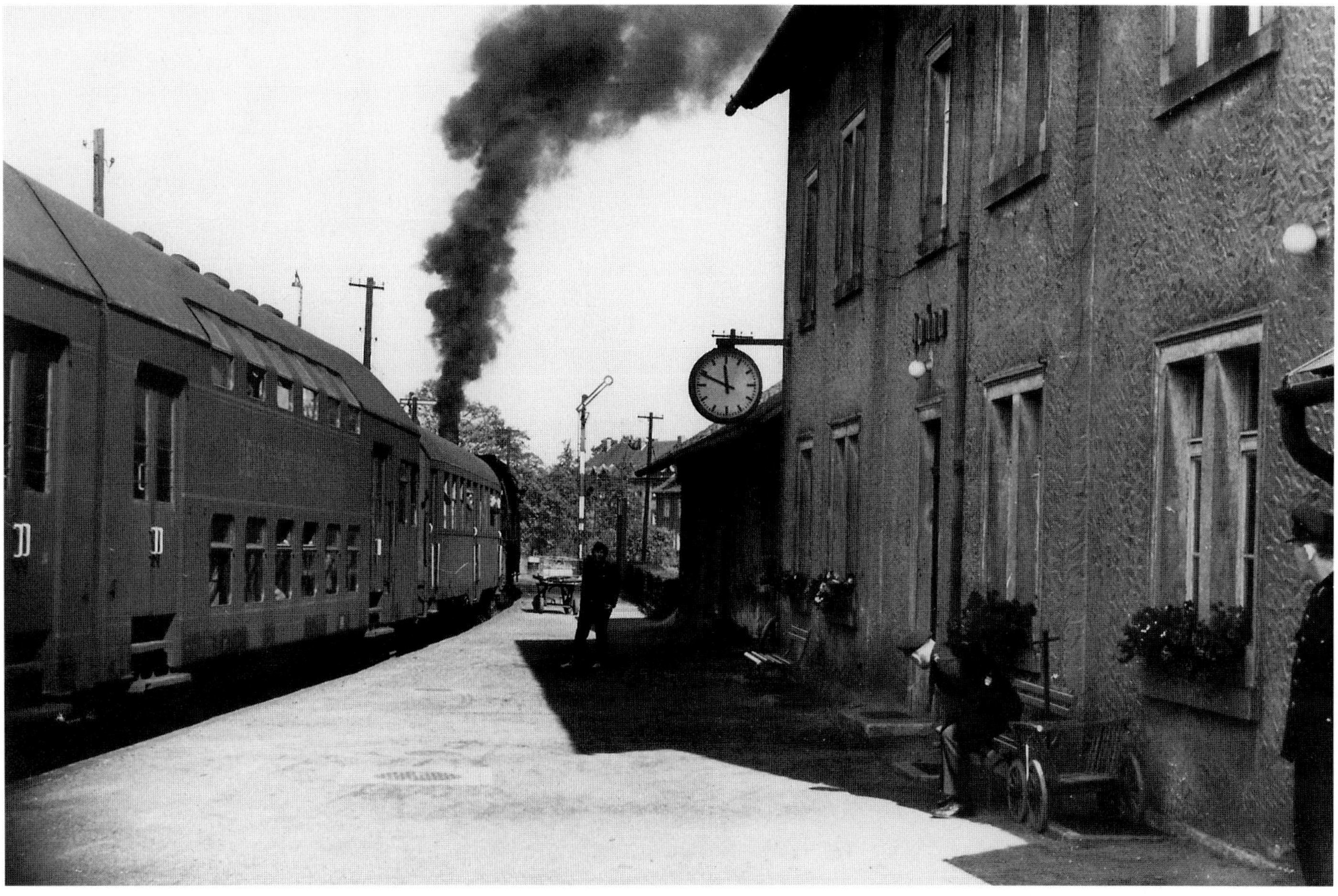

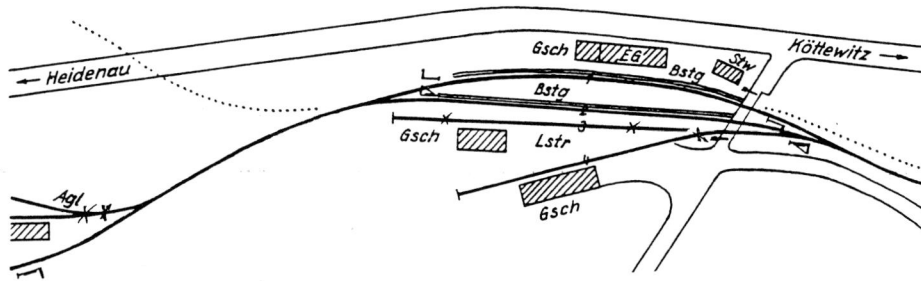

Bahnsteigszene in Dohna mit dem aus Altenberger Wagen und einer zweiteiligen Doppelstockeinheit bestehenden P 2831 nach Dresden am 25.9.1964. Foto: Sammlung Bernd Kuhlmann

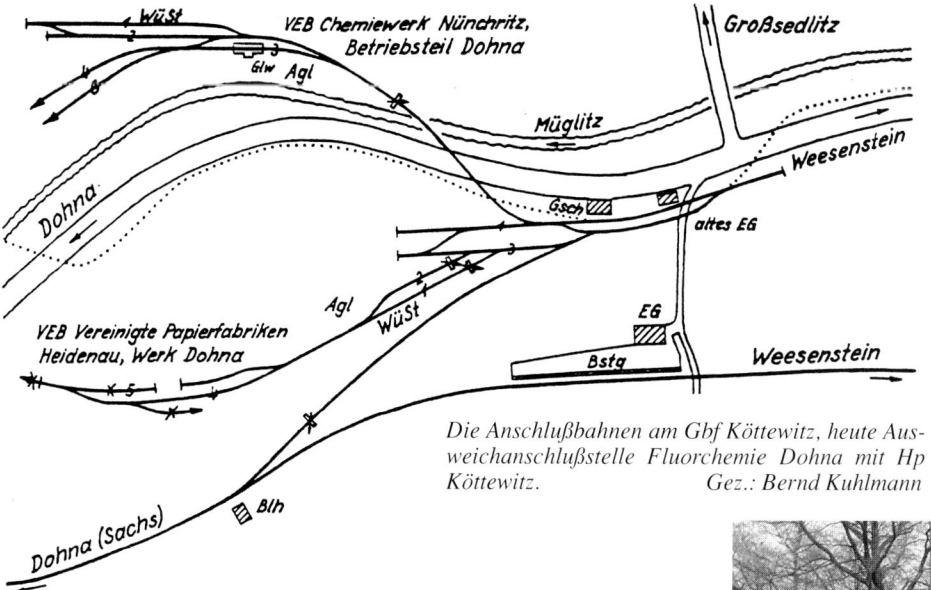

Die Anschlußbahnen am Gbf Köttewitz, heute Ausweichanschlußstelle Fluorchemie Dohna mit Hp Köttewitz. Gez.: Bernd Kuhlmann

bis Ende der 60er Jahre in Betrieb und wurden schließlich wegen mangelnder Nutzung ausgebaut. Handweichen gab es zeitweise in Burkhardswalde-Maxen auf der Bergseite (Weiche 6), Glashütte auf der Bergseite (DKW 5 und Weiche 6), Bärenstein auf der Talseite (Weichen 1 und 2) sowie Lauenstein an beiden Bahnhofsköpfen (Weichen 1 und 10), also stets entgegengesetzt vom Stellwerk.

Da diese Weichen vom Stellwerk aus nicht einsehbar waren, sollten sie beim Rangieren örtlich bedient werden. Ein weiterer Sinn dieser Einrichtungen war, daß der Fahrdienstleiter das Stellwerk verlassen, die Weichen reinigen, schmieren und im Winter von Schnee befreien sowie beim oder gar im Weichenbereich befindliches Hauptsignals erfolgt.

Die Bahnhöfe stattete man mit mechanischen Stellwerken aus, von denen die Weichen und Signale über Doppeldrahtzugleitungen gestellt wurden. Auch in Altenberg standen zunächst Formsignale, doch wurden sie nach häufiger Vereisung bei Rauhreif und Schnee schon bald durch Lichtsignale ersetzt und über Signalhebelkontakte gesteuert. Seit Herbst 1999 besitzen auch Dohna und Glashütte Lichtsignale.

In vier Bahnhöfen konnten fernbediente Weichen rasch in Handweichen

Das Empfangsgebäude des Schmalspurbahnhofs Köttewitz am 8.5.1982. Über der Eingangstür befand sich früher im Dachbogen das Schild mit dem Bahnhofsnamen. Foto: B. Kuhlmann

Rangieren der Nahgüterzüge im Bahnhof die Funktion eines Handweichenwärters übernehmen konnte. Schließlich dachte man schon 1938 an Personaleinsparungen. Das technische Prinzip beruhte auf dem beabsichtigten Ausscheren des Weichenhebels und des damit verbundenen Drahtzugs. Damit trat die an der Weiche befindliche Drahtbruchsperre in Funktion, über die nach zweimaligem Bewegen des einen noch straffen Drahtes die Handumstellvorrichtung an der Weiche angeklinkt wurde. Sollte die Weiche vom Stellwerk aus wieder bedient werden, mußte umgekehrt verfahren werden. Die beiden Weichen in Glashütte sind heute mit Hebelsperren ausgerüstet, die ein Umstellen unter Fahrzeugen verhindern. Ebenso ungewöhnlich war in Burkhardswalde-Maxen, daß die Drahtzugleitung für einen Weichenriegel nicht mit den üblichen Gewichten, sondern von einer überdimensionalen Torsionsfeder gespannt war.

Der Abzweig zum Gbf Köttewitz sollte 1939/40 aus beiden Richtungen Blocksignale erhalten und mit einem Fahrdienstleiter besetzt werden. Das linke Gleis führt mit 40 Promille Gefälle (heute die stärkste Neigung der Strecke) zur Anschlußbahn der Fluorchemie Dohna. Foto: Heinz Schwarzer

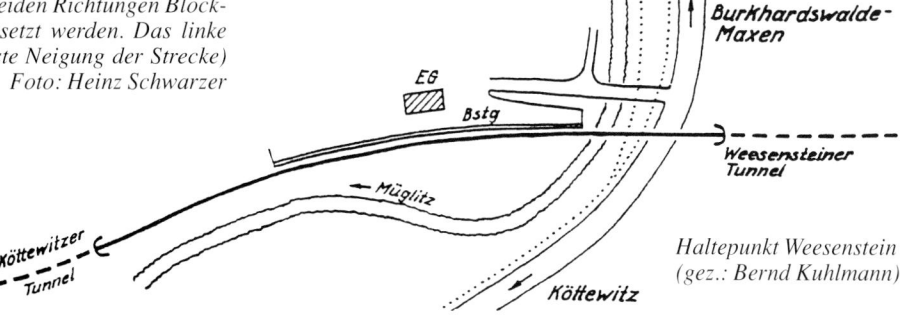

umgewandelt, aber ebensoschnell wieder an das Stellwerk angeschlossen werden. Ein- und Ausfahrten waren während der Handbedienung gesperrt. Diese ungewöhnlichen Einrichtungen waren zum Teil

Haltepunkt Weesenstein (gez.: Bernd Kuhlmann)

Am Hp Köttewitz (oben) halten die Züge heute nur noch bei Bedarf. Den markanten Uhrenturm finden wir auch auf dem Stationsgebäude von Weesenstein (unten), in dem heute der Modelleisenbahnclub Müglitztalbahn Heidenau sein Domizil hat. Fotos: Heinz Schwarzer (1989)

Zur Sicherung der Zugfahrten innerhalb der Bahnhöfe verwendete man in den Stellwerken zusätzlich Blockwerke. Mit den Gleichstrom-Blockfeldern wurde eine vom Fahrdienstleiter eingestellte Fahrstraße mit ihren Weichen so lange festgelegt, bis diese bei Ausfahrten vom Zug über seine Achsen auf der isolierten Schiene selbst oder bei Einfahrten mit Bedienung einer Schlüsseltaste aufgelöst wurde, wenn der Zug am vorgeschriebenen Platz hielt oder den Bahnhof durchfuhr. Weichen waren in beiden Fällen erst dann wieder umstellbar, wenn das Signal auf Halt zurückgestellt war.

Die Ausfahrsignale am durchgehenden Hauptgleis stattete man mit elektrischer Signalflügelkupplung aus. Diese verhinderte das Fahren eines zweiten Zuges auf einen Signalbegriff, weil schon der erste über die isolierte Schiene und die Signalflügelkupplung das Signal selbst auf Halt zurückfallen ließ. Die Blockwerke waren groß genug, um bei dichtem Zugverkehr einen Streckenblock nachrüsten zu können, mit dem die Zugfahrten auf der Strecke zusätzlich zum vorgeschriebenen Zugmeldeverfahren gesichert wurden.

Eine Besonderheit ist die zwischen Dohna und Köttewitz gelegene Ausweichanschlußstelle (Awanst) für den Güterbahnhof Köttewitz (heute Anschlußbahn des Chemiewerks Nünchritz). Soll ein Übergabezug von Dohna dorthin fahren, wird vom Nachbarbahnhof (Burkhardswalde-Maxen, seit 15.11.1996 Niederschlottwitz) blockelektrisch die Zustimmung abgegeben, so daß dessen Ausfahrsignale in diese Richtung verschlossen sind. Der Zugführer bzw. Rangierleiter erhält in Dohna einen Schlüssel für das Blockhäuschen an der Awanst. Nach dem Halten des Übergabezuges vor der Zugangsweiche wird der Schlüssel für Gleissperre und Weiche blockelektrisch von Dohna aus unter Verschluß der Ausfahrsignale freigegeben. Mit diesem Schlüssel werden beide nacheinander aufgeschlossen und umgestellt, die Rangierfahrt nach Köttewitz Gbf kann nun erfolgen. Weiche und Gleissperre werden nun wieder in Grundstellung gebracht und verschlossen. Der freiwerdende Schlüssel wird wieder im Blockfeld eingeschlossen und das „Anschlußsperrfeld" geblockt, so daß in Dohna und nach Rückgabe der Zustimmung an den Nachbarbahnhof die zuvor verschlossenen Ausfahrsignale wieder bedienbar sind. Während sich der Übergabezug im Güterbahnhof befindet, können zwischen Dohna und dem Nachbarbahnhof wieder Züge verkehren, wie es dem Prinzip einer Awanst entspricht.

Auch die anderen Anschlußbahnen auf freier Strecke (Peschelmühle, Bärenhecke-Johnsbach, Sägewerk Bärenstein, Hartsteinwerke Hartmannmühle) waren früher über Blockfelder gesichert. Äußeres Kennzeichen sind die Blockhäuschen, von denen heute nur das Köttewitzer noch vor-

Das Empfangsgebäude von Burkhardswalde-Maxen steht heute leer. Den Schrankenwärter ersetzte man durch eine automatische Schrankenanlage. Foto: Ludger Kenning (14.5.1999)

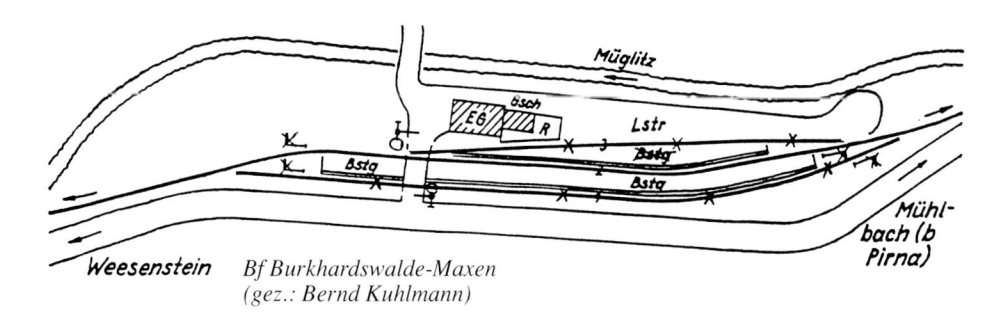

*Weesenstein   Bf Burkhardswalde-Maxen
(gez.: Bernd Kuhlmann)*

Die Anschlußbahn des Betriebsteils Peschelmühle der ehem. Zellstoffwerke Pirna zweigte oberhalb vom Werk ab.
Foto: Heinz Schwarzer (1988)
Unten: Nahe der Peschelmühle befand sich die „Federtopfbrücke". Zwischen Schienen und Brücke waren bis Mitte der 80er Jahre Federtöpfe statt Schwellen und Schotter eingebaut.
Foto: Bernd Kuhlmann (8.5.1982)

handen ist. In diesen war in gleicher Weise wie bei der Awanst Köttewitz Gbf blockelektrisch ein Schlüssel zum Aufschließen der Gleissperre bzw. Flankenschutzweiche und der Zugangsweiche freigegeben worden. Während der Bedienungsfahrt waren die Ausfahrsignale der benachbarten Bahnhöfe gleichfalls verschlossen. Mit dieser Technik wäre es möglich gewesen, jederzeit bei Bedarf eine Awanst einzurichten.

Die Unterhaltung von Signalen, Weichenantrieben, Schranken, den Drahtzugleitungen, Freileitungen, Kabeln, Block- und Hebelwerken sowie von Fernsprech- und Fernschreibeinrichtungen oblag bis 1945 der Stellwerks-Bahnmeisterei Pirna. Danach bezeichnete man sie als Signal- und Fernmeldemeisterei (Sfm), bis sie 1950 Signal- und Fernmeldeposten (Sfp) der Signal- und Fernmeldemeisterei Dresden wurde.

Die Blockanlagen für die Anschlußbahnen der freien Strecke – außer für die Awanst Köttewitz Gbf und die Anschlußstelle Peschelmühle – demontierte man 1947/48, weil sie im Westerzgebirge benötigt wurden. Stattdessen erhielten die Zugführer vom Bedienungsbahnhof den Schlüssel für die jeweilige Anschlußbahn. Erst ab den 60er Jahren händigte man einen für alle Anschlußbahnen auf freier Strecke ohne Blockanlagen passenden Schlüssel den Zugführern der Nahgüterzüge aus. Damit konnte man auf Übergabefahrten verzichten und dem bis zum nächsten Bahnhof durchfahrenden Nahgüterzug die Anschlußbedienung übertragen. Allerdings war das vorübergehende Abstellen von Wagen ohne Lok auf dem Streckengleis wegen der Neigungen recht problematisch.

Die starken Neigungen verlangen ein besonderes Augenmerk bezüglich Bremsausrüstung und -bedienung. Abgestellte Fahrzeuge sind stets durch Anziehen der Handbremsen und Auslegen von Radvorlegern usw. zu sichern. Im Zugbetrieb müssen alle Wagen an die durchgehende Druckluftbremse angeschlossen werden, und zudem muß der letzte Wagen bei Bergfahrt eine Handbremse besitzen, die bei gestörter Druckluftbremse bedient werden kann.

Ein Unfall vom 6. Oktober 1945 verschärfte die Bremsbestimmungen. Damals fuhr ein aus 18 Wagen (38 Achsen) bestehender und von der 64 166 geführter Güterzug mit Reparationsgut von Altenberg nach Geising. Die Wagen hatten nur einlösige Druckluftbremsen, die nach einem Füllstoß in der Hauptluftleitung vollständig lösen – unabhängig davon, ob zwischenzeitlich der Leitungsdruck wieder vermindert wird (eine Bremswirkung bleibt zunächst aus; in der Hauptluftleitung bestehen besonders bei Güterzügen immer geringe Undichtheiten). Da der Verdichter der Lokomotiven der BR 64 die Druckverluste nicht schnell genug ausgleichen konnte, kam der Güterzug am Geisingberg bei der Sachsenabfahrt zum Stehen. Da zur Weiterfahrt die einlösigen Bremsen schlagartig lösten, setzte sich der Zug – beschleunigt durch Gefälle und Zuggewicht – rasch in Bewegung. Im Geisinger Einschnitt bei 140 m Gleisradius sprang die Lok mit 120 km/h aus den Schienen und prallte gegen den Hang. Nach diesem Unfall mußten die im Fahrplan vorgegebenen Mindestbremshundertstel eines Zuges mit mehrlösigen Druckluftbremsen erreicht werden, denn bei diesen setzt trotz eines teilweisen Lösens sofort wieder die volle Bremswirkung ein. Diese Weisung hatte früher größere Bedeutung, weil einlösige Bremsen weit verbreitet waren.

Der Grund für den Abbau der Blockwerke um 1946/47 war der Strecken- und Bahnhofsausbau im Westerzgebirge, weil dort der Bergbau der SAG Wismut aufblühte. Blockwerke gewann man aus den Stellwerken Dohna, Niederschlottwitz und Bärenstein. An deren Stelle traten Schlüsselwerke, mit denen die Weichen gesichert waren, während das Signal auf Fahrt stand.

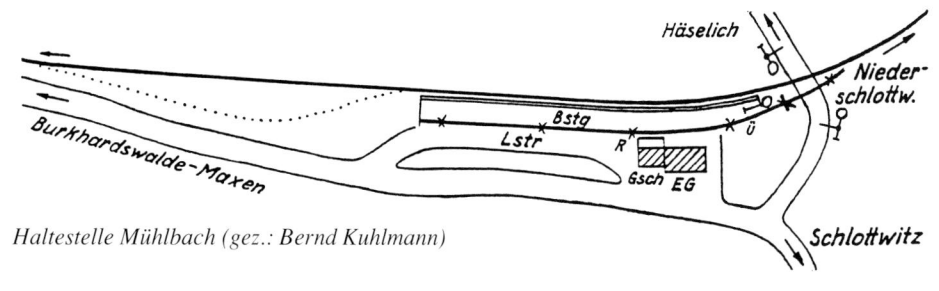

Haltestelle Mühlbach (gez.: Bernd Kuhlmann)

Oben: Auch das Empfangsgebäude von Mühlbach trägt den charakteristischen Uhrenturm (1989).

*Im mechanischen Befehlsstellwerk Niederschlottwitz arbeitete Gebhard Steiningen vom 1.9.1958 bis 30.11.1996.
Fotos: H. Schwarzer*

Unten: Der Bahnhof Niederschlottwitz vor der Bahnsanierung 1999 (gez.: Bernd Kuhlmann)

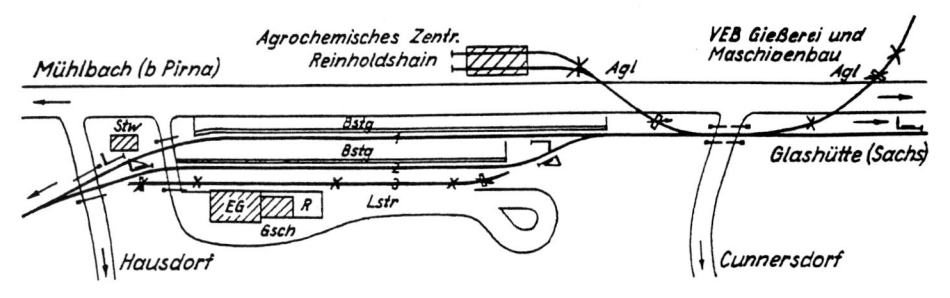

In Burkhardswalde-Maxen und Lauenstein baute man zwar ebenfalls die Blockwerke aus, jedoch nicht das mechanische Verschlußregister, so daß die geforderte Signalabhängigkeit ebenfalls erhalten blieb. In Niederschlottwitz installierte man später das Blockwerk wieder. Dohna erhielt 1977 ein mechanisches Einheitsstellwerk mit Blockwerk. Als in Heidenau ein Gleisbildstellwerk mit Lichtsignalen in Betrieb ging, stattete man den Abschnitt Heidenau – Dohna mit Streckenblock aus.

Mit den Jahren wurde die Müglitztalbahn zur reinen Nebenbahn. Verschiedene Maßnahmen – wie das Herabsetzen der Höchstgeschwindigkeit bedingt durch den Einsatz anderer Lokomotiven und den schlechten Zustand der Gleisanlagen sowie der festgelegte geringe Bremsweg von 400 m – trugen hierzu bei. Heute sind hier lt. EBO wieder Geschwindigkeiten von maximal 70 km/h mit 700 m langem Bremsweg möglich.

Die Rationalisierung

Jedes Stellwerk ist mit einem Fahrdienstleiter besetzt, und lange Zeit – auch nach dem Krieg – war in Dohna, Niederschlottwitz, Glashütte, Geising und Altenberg zusätzlich eine Aufsicht beschäftigt. Diese erledigten noch andere Aufgaben: Verkauf von Fahrausweisen, Abfertigen von Reisegepäck, Expreßgut und früher Stückgut sowie Aus- und Einladen des Gepäcks am Zug bzw. des Stückguts. In Burkhardswalde-Maxen, Bärenstein und Lauenstein waren Fahrdienstleiter und Aufsicht eine einzige Person, die gleichfalls Zusatzaufgaben wahrnahm. Ab 1. Juni 1996 fertigen die Zugführer ihre Züge selbst ab, auch wenn ein Fahrdienstleiter dies hätte übernehmen können.

Die Dienstposten besetzte man wegen der nächtlichen Dienstruhe nie durchgehend (bis etwa 1992 mit Ausnahme des Fahrdienstleiters in Altenberg, wo das Stellwerk wegen Lok- und Rangierfahrten ständig besetzt war). Von 1951 bis 1954, als die SAG Wismut in Bärenhecke-Johnsbach Uranerz förderte und Schichtarbeiterzüge zwischen Glashütte und Altenberg verkehrten, verkürzte man für die Fahrdienstleiter von Glashütte, Bärenstein und Lauenstein sowie den Haltepunktwärter von Bärenhecke-Johnsbach die Dienstruhe.

Als um 1935 die ersten leichten Güterzüge für den Stückgutschnellverkehr („Leig") aufkamen, berücksichtigte man sie bei der Planung der Bahnhöfe im Müglitztal. Dies zeigte sich besonders in Glashütte am Gleis 3, das direkt an der Rampe (dem „Dienstbahnsteig") des Empfangsgebäudes vorbeiführt und auf dem signalmäßige Ein- und Ausfahrten möglich waren. Aber das Stückgutaufkommen für die Müglitztalbahn war schon damals zu gering und trotz der Lastbeschränkungen lohnte sich ein Einsatz der „Leig" nicht.

Vielmehr beförderte man im Packwagen der Nahgüterzüge das Stückgut, das an den Rampen umgeschlagen wurde, auch in Mühlbach. Selbst die Haltepunkte waren für den Stückgutverkehr zugelassen, jedoch bestanden für Einzelstücke Gewichtsbeschränkungen, um den Eisenbahnern das Umladen am Packwagen zu erleichtern. Bis etwa 1948 war es üblich, in den Packwagen der Güterzüge Milchkannen zu den Molkereien zu befördern. Den Stückgutverkehr in Nahgüterzügen stellte man um 1960 ein. Hiernach wurden die Sendungen von der Stückgutknotenabfertigung Heidenau per Lkw den Empfängern direkt zugestellt oder von den Absendern abgeholt.

Wie schon zur Schmalspurzeit gab es auch nach dem Umbau auf Normalspur eine Postbeförderung per Bahn – allerdings erst ab etwa 1941, als Kraftstoff gespart werden mußte. In den Reisezugwagen vom Typ E 1 nutzte man das Traglastenabteil eines C4itr-Wagens hierfür. Wie früher beförderte man Briefbeutel, Pakete und Zeitungen, die außer in Bahnhöfen auch an Haltepunkten umgeladen wurden.

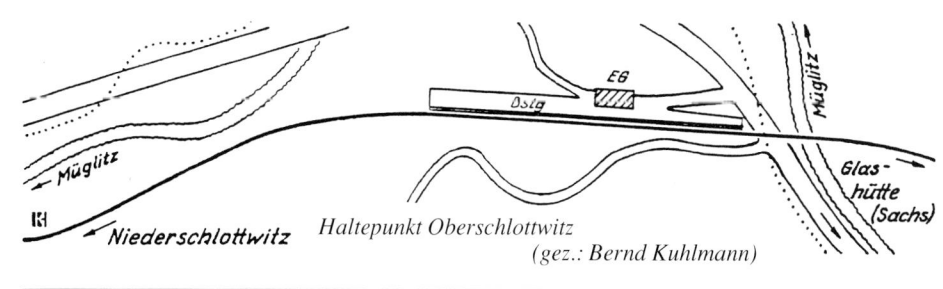

Haltepunkt Oberschlottwitz
(gez.: Bernd Kuhlmann)

Bahnhof Glashütte

Fahrdienstleiter/Aufsicht, Zugpersonal und der Abschnittsbevollmächtigte der Transportpolizei in Glashütte im Juni 1965. Ob der Fotograf eine Fotogenehmigung besaß?
Foto: Detlev Luckmann

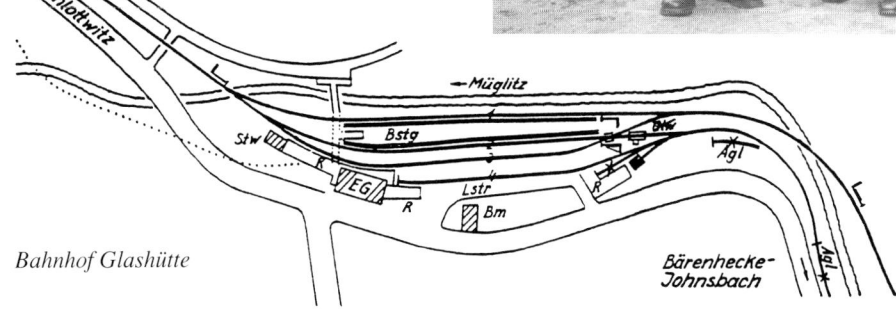

Unten: Oberhalb von Bärenhecke-Johnsbach fuhr die 202 490 am 14.5.1999 mit einem Personenzug talwärts.   Foto: Ludger Kenning

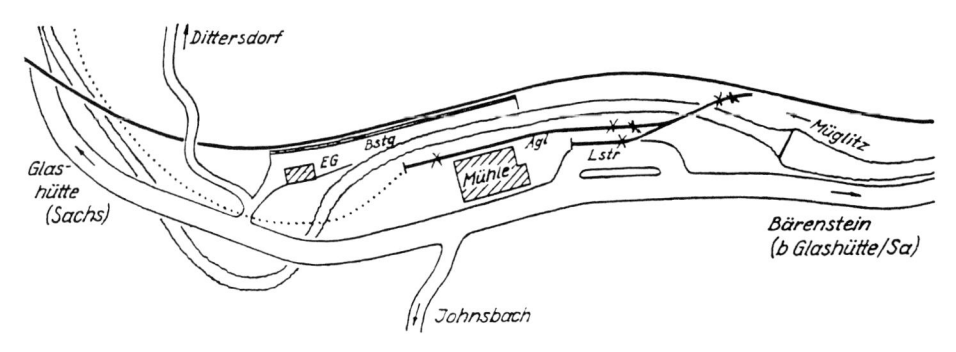

*Haltestelle Bärenhecke-Johnsbach
(gez.: Bernd Kuhlmann)*

Das Bärensteiner Empfangsgebäude gehört heute der Stadt. Hier hat der Förderverein Müglitztalbahn e.V. seinen Sitz.   Foto: Ludger Kenning (14.5.1999)
Unten: Bahnhöfe Bärenstein (unten) und Lauenstein (bis 1999, darunter). Gez.: Bernd Kuhlmann

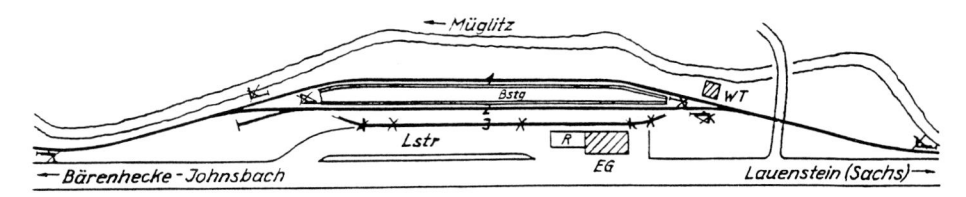

Als nach 1945 kein „Altenberger Wagen" im Müglitztal fuhr, stellte man den Zügen einen zweiachsigen Postwagen bei, der mit Postbediensteten besetzt war. Wie schon vor dem Krieg geschah das nur werktags beim ersten Frühzug bergauf und beim Nachmittagszug bergab. Bis etwa 1961 verkehrten separate Postwagen und bis etwa 1963 beförderte man noch Briefbeutel in den Gepäckwagen zwischen bestimmten Bahnhöfen.

Die Bahnhöfe waren im Betriebs- und Verkehrsdienst der DR die untersten Dienststellen und zuständig für den Fahrdienst in den Betriebsstellen, für die Abfertigung von Reisenden, Gepäck, Expreß- und Stückgut, die wagendienstliche Arbeit mit den Güterwagen, für die Abrechnung der Beförderungsgelder und für die Verkehrsstatistik. Zur Leitungsorganisation eines Bahnhofs gehörten auch Block- und Abzweigstellen, Schrankenposten und Haltepunkte. Es war üblich, Bahnhöfe einem größeren zu unterstellen – auch im Müglitztal. Die Größe der Dienststelle „Bahnhof" schwankte. Noch bis 1952 war jeder Bahnhof zugleich eine Dienststelle, aber in den 60er Jahren begann eine umfassende Rationalisierung, die größere Dienststellen bedingte. Damit ergaben sich Vorteile für die Leitung und Planung. Von 1970 bis 1978 führte das in überspitzter Form zu Betriebs- und Verkehrsdienststellen, in denen viele Bahnhöfe eines bestimmten Gebietes zusammengefaßt waren. Schließlich reduzierte man diese Überorganisation auf ein überschaubares Maß.

1949–55 machte der Bf Glashütte als „Jugendbahnhof" von sich reden. Alle Dienstposten – vom Dienstvorsteher, Fahrdienstleiter, Aufseher, Rangierleiter, Ladeschaffner, Fahrkartenverkäufer bis hin zu den Beschäftigten der Güterabfertigung – besetzte man aus politischen Gründen mit jungen Eisenbahnern im Alter von 19–23 Jahren. Die älteren Eisenbahner mußten bis zum 26. September 1949 ihre Arbeitsplätze verlassen und zu Nachbardienststellen wechseln. In Glashütte sollten junge Eisenbahner politisch-ideologisch erzogen und ausgebildet werden. Im Parteijargon war es eine „Kaderschmiede", in der man auf eine fachliche Bildung wenig Wert legte.

Um 1960 verlängerte man die Nachtruhe der Aufsichten in Dohna, Geising und Altenberg wegen Personalmangel. In den Hp Weesenstein, Oberschlottwitz und Bärenhecke-Johnsbach schränkte man den Fahrkartenverkauf und die Gepäck- und Expreßgutabfertigung ein. Als Köttewitz Gbf im Jahr 1962 zur Anschlußbahn wurde, blieb der Hp Köttewitz unbesetzt. Von nun an verkaufte das Zugpersonal die Fahrkarten, wofür schon früher besondere Zettelfahrkarten für die Müglitztalbahn aufgelegt worden waren, und die Zugführer erteilten in Bahnhöfen ohne Aufsicht auch den Abfahrauftrag. Seit dem 1. Juni

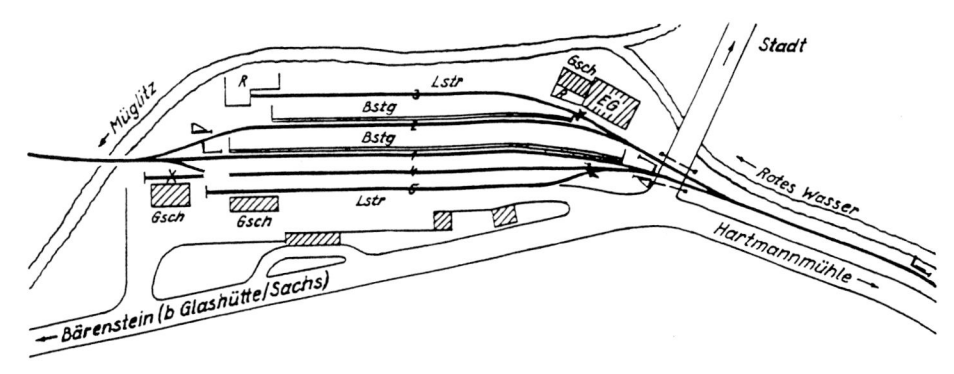

1996 nehmen auch die Fahrdienstleiter keine Aufgaben einer Aufsicht mehr wahr.

Doch auch Zugbegleitpersonal fehlte. Reisezüge sind seit etwa 1963 nur noch mit einem Zugführer besetzt, während Jahre zuvor die zusätzliche Begleitung mit einem Zugschaffner und – falls sich ein Gepäckwagen im Zug befand – mit einem Fahrladeschaffner üblich war.

Die Rationalisierung betraf vor allem den Güterverkehr. Wagenladungsknoten bildete man zuerst in Dohna und Niederschlottwitz, später auch Lauenstein und Altenberg. Die Anschlußbahn der VdgB/BHG Bärenhecke-Johnsbach mit öffentlicher Ladestelle schloß man. Wegen hohen Frachtaufkommens blieben aber Köttewitz Gbf, die Anschlußbahn der Vereinigten Zellstoffwerke Pirna (Peschelmühle) und des Sägewerks Bärenstein bestehen.

Die Konzentration des Güterverkehrs auf wenige Bahnhöfe ermöglichte es, die Besetzung der Nahgüterzüge mit Zugpersonal zu verringern. Die Rangierarbeiten in Niederschlottwitz, Glashütte und Lauenstein wurden vom in Glashütte eingesetzten Streckenrangierleiter übernommen, der mit den Nahgüterzügen fuhr. Diese verkehrten zwischen Lauenstein und Altenberg grundsätzlich ohne Zugpersonal, denn dieses setzte man nur noch von Heidenau aus für die Nahgüter- bzw. Übergabezüge bis Dohna, Köttewitz Gbf, Peschelmühle und Burkhardswalde-Maxen ein.

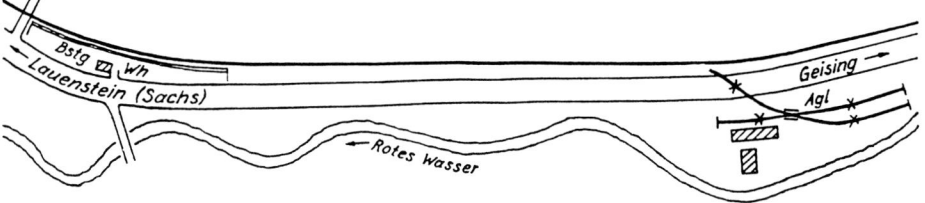

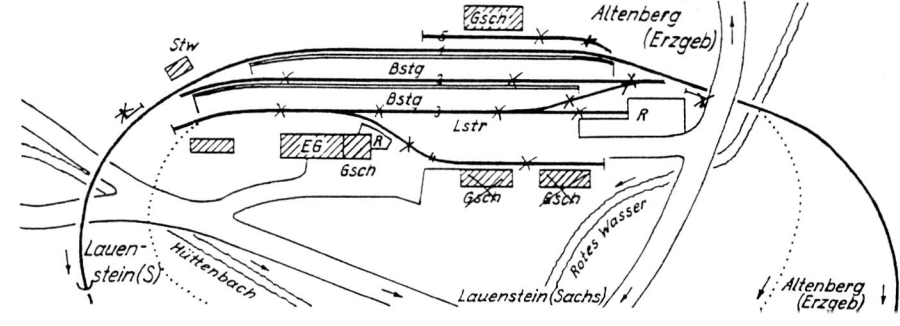

Der Schlammeinbruch im Bf Geising am 9. Oktober 1966 wäre der Bahn fast zum Verhängnis geworden. Im Auftrag der Staatsorgane und des Verkehrsministeriums sollte untersucht werden, ob die Bahnhöfe Geising und Altenberg für den Reise- und Güterverkehr geschlossen werden könnten bzw. ob sich für die gesamte Strecke die Verlagerung des Verkehrs auf die Straße anbieten würde. Der Kreis Dippoldiswalde und die Städte Geising und Altenberg wandten sich energisch dagegen. Bereits in Vorgesprächen war man sich einig, daß ein Umsteigen in Lauenstein für die Reisenden unzumutbar sei. Weil auch außerhalb der Saison die Züge stark überbesetzt waren, ließe sich das Problem vom Kraftverkehr – vor allem die Beförderung von Koffern und Wintersportgeräten – nur schwer lösen. Ein reger Busverkehr wäre die Folge. Die Durchlaßfähigkeit der ohnehin vom Ausflugsverkehr stark frequentierten Müglitztalstraße würde damit erheblich eingeschränkt. Weil damals die Schließung der Strecken Freital-Hainsberg – Kurort Kipsdorf, Klingenberg-Colmnitz – Frauenstein, Bienenmühle – Hermsdorf-Rehefeld und Pirna – Gottleuba zur Diskussion stand, bliebe die Müglitztalbahn die einzige erhaltenswerte Eisenbahn ins Osterzgebirge. Als die Stilllegung der Schmalspurbahn zum Kurort Kipsdorf vom Tisch war, vereinbarte man, Altenberg als Wagenladungsknoten einzurichten, während Geising nur für den Reiseverkehr reaktiviert werden sollte.

Als am 19. November 1966 zwischen Lauenstein und Altenberg wieder Züge rollten, war Geising nur Haltepunkt. Am 16. Januar 1967 ging in Geising ein elektromechanisches Stellwerk in Betrieb, jedoch nicht mehr im Stellwerks-, sondern im Empfangsgebäude (die Formsignale wurden seit jeher wegen zu großer Stellentfernung elektrisch gestellt). Fahrdienstleiter und Aufsicht waren nun eine einzelne Person.

Dieses einzige elektromechanische Stellwerk der Müglitztalbahn war nur kurzzeitig in Betrieb. Am 2. Juni 1969 um 18.20 Uhr entgleisten beim nach Gleis 2 einfahrenden P 2836 in der Weiche 1 die Lok mit drei Achsen sowie eine Achse eines Bghw-Wagens wegen zweispurigen Fahrens. Ursache war die abgenutzte linke Zungenvorrichtung der im Bogen liegenden Weiche 1, weil diese lange Zeit nur für Fahrten über Gleis 1 genutzt worden war. Da nach der Aufgleisung der Hilfszug an gleicher Stelle entgleiste, wurde Weiche 1 für Fahrten über Gleis 1 verschlossen. Gleis 2 war danach nur noch ein Stumpfgleis aus der Bergrichtung. Der Bf Geising war damit betrieblich gesehen eine Blockstelle an einer eingleisigen Nebenbahn,

Am 14.5.1999, kurz vor der Streckensperre zur Bahnsanierung, war das Lauensteiner Empfangsgebäude noch besetzt. Foto: Ludger Kenning
Unten: Haltepunkt Hartmannmühle (links unten) und Bahnhof Geising (bis 1966, darunter). Gez.: Bernd Kuhlmann

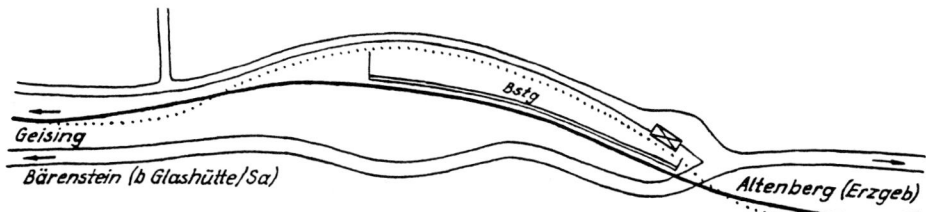

Vorbei am Altenberger Stellwerk rollte die 86 548 im Juni 1965 mit dem P 2833 zu Tal.
Foto: Detlev Luckmann
Links: Der nicht mehr vorhandene Hp Geisingberg-Sprungschanze.   Gez.: Bernd Kuhlmann

obwohl von der Zugfolge her keine benötigt wurde. Seit 29. November 1971 ist er nurmehr ein Haltepunkt. Im März 1972 baute man das Hebelwerk des elektromechanischen Stellwerks aus und verwendete es für die zwischen Kurort Rathen und Königstein gelegene Blockstelle Strand, die wegen Umbau und Elektrifizierung der Hauptbahn zeitweise in eine Abzweigstelle für eingleisigen Betrieb umgewandelt wurde.

Im Jahr 1971 ging eine Epoche zu Ende, die schon in der Schmalspurbahnzeit vom Begriff „Bimmelbahn" begleitet und auch nach 1939 erhalten geliehen war, obwohl die Lokomotiven wegen der geringeren Zahl von Bahnübergängen weitaus weniger läuteten als zuvor. Daß 1971 endgültig das „Bimmeln" im Müglitztal verstummte, lag im fortschreitenden Traktionswandel und im ab 1. Oktober 1971

Die Altenberger Gleisanlagen am 12.5.1999, vor Beginn der Sanierung. Die DB AG will von einst sieben Bahnhofsgleisen künftig nur noch drei nutzen. Im Oktober 1999 waren die Gleise 4 bis 6 durch Herausnahme eines Schienenstücks schon stillgelegt. Mit dem Triebwageneinsatz droht nun auch den Lokschuppengleisen dieses Schicksal.   *Foto: Jörg Köhler*

Güterverkehr auf der Müglitztalbahn bis 1990

Tarifbahnhof	eingerichtet als
Dohna (Sachs)	Wagenladungsknoten und -bahnhof für Anschlußbahn (1962 öffentlicher Güterverkehr von Köttewitz und 1968 öff. Güterv. von Burkhardswalde-Maxen nach Dohna verlagert)
Köttewitz Güterbahnhof	Wagenladungs-Bf für Anschlußbahn (1962 öff. Güterv. nach Dohna verlagert)
Burkhardswalde-Maxen	Wagenladungs-Bf für Anschlußbahn (1968 öff. Güterv. von Mühlbach nach Burkhardswalde-Maxen verlagert, 1968 öff. Güterv. nach Dohna verlagert)
Mühlbach (b Pirna)	für den Güterverkehr geschlossen (1968 nach Burkhardswalde-Maxen verlagert)
Niederschlottwitz	Wagenladungsknoten und -bahnhof für Anschlußbahn (1968 öff. Güterv. von Glashütte und 1968 öff. Güterv. von Bärenhecke-Johnsbach nach Niederschlottwitz verlagert)
Glashütte (Sachs)	Wagenladungs-Bf für Anschlußbahn (1968 öff. Güterv. nach Niederschlottwitz und Lauenstein verlagert)
Bärenhecke-Johnsbach	für den Güterverkehr geschlossen (1966 öff. Güterv. nach Lauenstein und 1972 Güterverkehr der Anschlußbahn nach Niederschlottwitz verlagert)
Bärenstein (b Glashütte/Sa)	für den Güterverkehr geschlossen (1966 öff. Güterv. nach Lauenstein verlagert)
Lauenstein (Sachs)	Wagenladungsknoten (1966 öff. Güterv. von Glashütte und von Bärenstein sowie 1967 öff. Güterv. von Geising nach Lauenstein verlagert)
Geising	für den Güterverkehr geschlossen (1967 öff. Güterv. und den der Anschlußbahn nach Lauenstein verlagert)
Altenberg (Erzgeb)	Wagenladungsknoten (war geplant als Wagenladungs-Bf für Anschlußbahn)

Der Bahnhof Altenberg im Zustand bis 1999 (gez.: Bernd Kuhlmann)

gültigen Signalbuch. Danach entfielen die Durchläute-Beginn- und Durchläute-Endtafeln (Signale Pl 3 und 4 der DR: Zwei schwarze „L" auf weißen Tafeln untereinander sowie ein schwarzes „P" auf weißem Grund daneben bzw. zwei schwarze „E" auf weißen Tafeln nebeneinander). Die ersten nebenbahntauglichen Diesellokomotiven besaßen statt Läutewerk einen „langsam schlagenden Wecker", doch verzichtete man bald darauf, weil eine Diesellok genug Lärm macht. Man wies die Lokführer von Dieseltriebfahrzeugen ohne Läutewerk an, mehrmals zu pfeifen. Statt eines lieblichen „Bimmelns" erschrecken im Müglitztal jetzt schrille Pfeifsignale die Anwohner und Touristen.

Zum Sommerfahrplan 1973 führte die DR ein neues Reisezug-Nummernsystem ein. Bis dahin trugen die Reisezüge im Müglitztal eine Nummer der Reihe 2800–2899, und das schon zum Teil in der Schmalspurzeit. Nachdem bis 1945 die bergwärts fahrenden Züge eine ungerade Nummer getragen hatten, war es nun umgekehrt. Ab 1973 hatten alle Nebenbahn-Personenzüge und Güterzüge fünfstellige Nummern. Die Personenzüge im Müglitztal trugen Nummern von 16750 bis 16799, Güterzüge mit Personenbeförderung (GmP) von 68330 bis 68339, Nahgüterzüge (N) von 61380 bis 61399 und Übergabezüge (Üb) von 71390 bis 71399. Damit kam bei der DR jede Zugnummer nur einmal vor. Der Richtungssinn der Zugnummern im Müglitztal änderte sich wiederum: Bergauf erhielten die Züge eine ungerade Nummer.

Ab Winterfahrplan 1973/74 verlängerte man in den Zwischenbahnhöfen den unterbrochenen Dienst: Nun bestand in den Nächten zwischen Montag und Sonnabend von etwa 21/22 Uhr bis 4 Uhr Dienstruhe. Die letzten Züge bergauf und talwärts fuhren danach im Schienenersatzverkehr.

Nach dem Schließen von Bärenstein als Bahnhof am 2. August 1977 baute man die Anlagen teilweise ab. Damit bestanden, außer im Streckenmittelpunkt Glashütte, nur noch dort Bahnhöfe, wo eine Schranke zu bedienen und daher keine weitere Rationalisierung möglich war: Dohna, Burkhardswalde-Maxen (nur zeitweise besetzt, sonst als Bahnhof betrieblich ausgeschaltet), Niederschlottwitz, Lauenstein und Altenberg. Aufgrund der Höchstgeschwindigkeit von 50 km/h und dem Nebenbahncharakter ersetzte man einige Einfahrvorsignale durch Kreuztafeln (Signal So 6 der DR), die die Stelle eines Vorsignals kennzeichnen.

Im Herbst 1979 begann die Erprobung von rückstrahlenden Zugschlußsignalen, und zwar auf den Strecken Dresden – Pirna, Heidenau – Altenberg, Pirna – Neustadt – Sebnitz und Pirna – Rottwerndorf. Sofern nicht wie an Reisezugwagen die eingebauten Zugschlußlampen eingeschaltet werden konnten, verwendete man rückstrahlende Zugschlußscheiben. Da man auf die Erkennbarkeit der neuen Signalmittel von vorn verzichtete, sich aber im Müglitztal jeweils nur an einem Bahnhofskopf ein Stellwerk befindet, mußte nach der Einfahrt eines (Güter-)Zuges das Vorhan-

Oberhalb der Einfahrt in den Bahnhof Altenberg befindet sich der Lokbahnhof. Am 14.8.1982 stand hier noch der Kohlenkran. Foto: Bernd Kuhlmann

Das noch vorhandene Empfangsgebäude des Schmalspurbahnhofs in Altenberg diente früher den Beschäftigten der Wagenreinigung des Betriebswagenwerks Dresden. Foto: B. Kuhlmann (29.12.1981)

densein des Zugschlußsignals und damit die Vollständigkeit des Zuges anders festgestellt werden: Der Zugführer bzw. der begleitende Streckenrangierleiter bestätigt durch Hochheben des Arms oder mit einer weißen Leuchte dem Fahrdienstleiter das vollständige Eintreffen des Zuges. Bei Güterzügen ohne Zugbegleiter muß sich der Fahrdienstleiter selbst davon überzeugen und das Stellwerk ggf. verlassen. In solchen Fällen versuchte man während der Erprobung im Bf Dohna mit einem Pfiff von der Lok des Gegenzuges die Bestätigung abzugeben, doch sah man bald aus Lärmschutzgründen davon ab. Der Großversuch bestätigte den Einsatz rückstrahlender Zugschlußsignale im Eisenbahnbetrieb. Ab 1981 waren sie im Bezirk der Rbd Dresden und in den folgenden Jahren auch in anderen Bezirken zugelassen.

Auch die Bahnübergänge reduzierte man. 1985 gab es nur noch 50 niveaugleiche Übergänge (einer davon mit Haltlichtern, zehn mit Schranken und 39 ungesichert). Der Mühlbacher Haltepunktwärter bediente eine mechanische Vollschranke, die am 8. Mai 1989 durch eine sogenannte „zugbediente Halbschrankenanlage" ersetzt wurde. 1999 sind sechs Bahnübergänge mit Vollschranken und drei mit Haltlichtanlagen gesichert.

Der Fahrzeugeinsatz auf der Müglitztalbahn

Die Baureihe 84

Die „Gummilokomotiven", so der Spitzname der 84er, sind eine Besonderheit der Müglitztalbahn. Zwar bestanden sie wie üblich aus Stahl, aber die Eisenbahner nannten sie so, weil sich die 84er (ohne festen Achsstand) jeglichen Gleisradien anpassen konnten. Nicht nur die im Müglitztal geforderte Bogenläufigkeit von 100 m führte zur Entwicklung der neuen Dampflokomotiven. Diese mußten auch stark genug sein, um auf großen Steigungen die Fahrzeiten zu verkürzen, und für das Befahren der Hauptstrecke Dresden – Heidenau sollten sie mindestens 70 km/h erreichen können. Obwohl der Anlaß für die Entwicklung der Baureihe 84 der Umbau der Müglitztalbahn war, sollte die neue Lokgattung nach Auffassung der Deutschen Reichsbahn (DRB) auch für andere Gebirgsstrecken geeignet sein. Die Länderbahnlokomotiven, wie die preuß. T 20 (BR 95^0), galt es durch eine Einheitslok zu ersetzen.

Die als BR 85 gelieferten 1'E1'h3t-Lokomotiven der südbadischen Höllentalbahn waren ursprünglich als BR 84 vorgesehen, jedoch mit 20 t Achslast nicht freizügig einsetzbar. Es mußte nun eine 1'E1'-Tenderlok mit 18 t Achslast für den Hauptbahndienst konzipiert werden, die weitgehend der zwischenzeitlich erschienenen BR 52 gleichen sollte. 1941 sollten von diesem Entwurf einer BR 82 bereits 70 sowie 1942 weitere 90 Maschinen beschafft werden (die wegen des Krieges aber nicht geliefert wurden). Manche Quellen sprechen von einer BR 83, was vermutlich richtiger ist, denn die Deutsche Bundesbahn reihte schließlich eine E-Verschublok als BR 82 ein. Offenbar war auch die endgültige Baureihe 84 noch nicht der vorgesehene Ersatz für die gleichartigen Länderbahnmaschinen.

Eine den Anforderungen der Müglitztalbahn entsprechende Lok war nicht im Reichsbahnbestand enthalten, aber im Vereinheitlichungsprogramm als möglicher Typ vorgesehen. Die DRB vergab Entwicklungsaufträge an die Berliner Maschinenfabrik AG (BMAG) in Wildau bei Berlin (vormals Schwartzkopff) und an Orenstein & Koppel (O&K) in Drewitz bei Potsdam. Diese entwickelten zwei Bauarten, die sich wegen der geforderten Bogenläufigkeit in den Triebwerken unter-

Technische Daten der Baureihe 84

	84 001, 002	84 003, 004	84 005 – 012
Gattung	Gt 57.18	Gt 57.18	Gt 57.18
Höchstgeschwindigkeit	70 km/h	80 km/h	80 km/h
Zylinderdurchmesser	480 mm	600 mm	500 mm
Kolbenhub	660 mm	660 mm	660 mm
Kesselüberdruck kp/cm^2	20 kp/cm^2	20 kp/cm^2	16 kp/cm^2
Wasserraum des Kessels	7,4 m^3	7,4 m^3	7,4 m^3
Dampfraum des Kessels	3,25 m^3	3,25 m^3	3,25 m^3
Verdampfungswasseroberfläche	10,8 m^2	10,8 m^2	10,8 m^2
Kesselmasse mit/ohne Ausrüstung	30,5/21,1 t	30,5/21,1 t	30,5/21,1 t
Rostfläche	3,76 m^2	3,76 m^2	3,76 m^2
Zahl der Heizrohre	158	158	158
Heizrohrdurchmesser	51 x 2,5 mm	51 x 2,5 mm	51 x 2,5 mm
Zahl der Rauchrohre	48	48	48
Rauchrohrdurchmesser	133 x 4 mm	133 x 4 mm	133 x 4 mm
Rohrlänge zwischen Rohrwänden	4.700 mm	4.700 mm	4.700 mm
Überhitzerrohrdurchmesser	38 x 4 mm	38 x 4 mm	38 x 4 mm
Heizrohrheizfläche	107,3 m^2	107,3 m^2	107,3 m^2
Rauchrohrheizfläche	88,6 m^2	88,6 m^2	88,6 m^2
Verdampfungsheizfläche	210 m^2	210 m^2	210 m^2
Überhitzerheizfläche	85 m^2	85 m^2	85 m^2
Länge über Puffer	15.550 mm	15.950 mm	15.550 mm
Achsstand	11.700 mm	12.200 mm	11.700 mm
Mittlere Kuppelachslast	18,3 t	18,0 t	18,3 t
Leergewicht	100,5 t	100,9 t	100,5 t
Dienstgewicht	125,5 t	125,2 t	125,5 t
Reibungslast	91,3 t	89,7 t	91,3 t
Wasservorrat	14,0 m^3	14,0 m^3	13,7 m^3
Kohlevorrat	3 t	3 t	3 t

84 001 im Fotografieranstrich bei der Berliner Maschinenfabrik AG (BMAG, vormals Schwartzkopff) in Wildau bei Berlin.
Foto: Sammlung Dietrich Kutschik

Stimmungsvolle Gegenlichtaufnahmen der 84 001, die auf dem Werksgelände der BMAG in Wildau ihre ersten Fahrversuche unternimmt.
Unten: Schwartzkopff-Eckhardt-Lenkgestelle zwischen Laufachse und zweiter Kuppelachse im geraden und gebogenen Gleis.
Fotos: Sammlung Dietrich Kutschik

Die Lokführer- (oben) und die Heizerseite (unten) der Luttermöller-Lok 84 004 von Orenstein & Koppel. Die erste und die fünfte Treibachse wurden über Zahnräder angetrieben und hatten keine Verbindung zur Kuppelstange.
Fotos: Sammlung Dietrich Kutschik

Die Rückpartie der 84 004 auf der Heizerseite (oben, Sammlung Dietrich Kutschik) und nochmals die Lokführerseite, jedoch auf einer Werkaufnahme von O & K (unten, Sammlung Gerhard Moll).

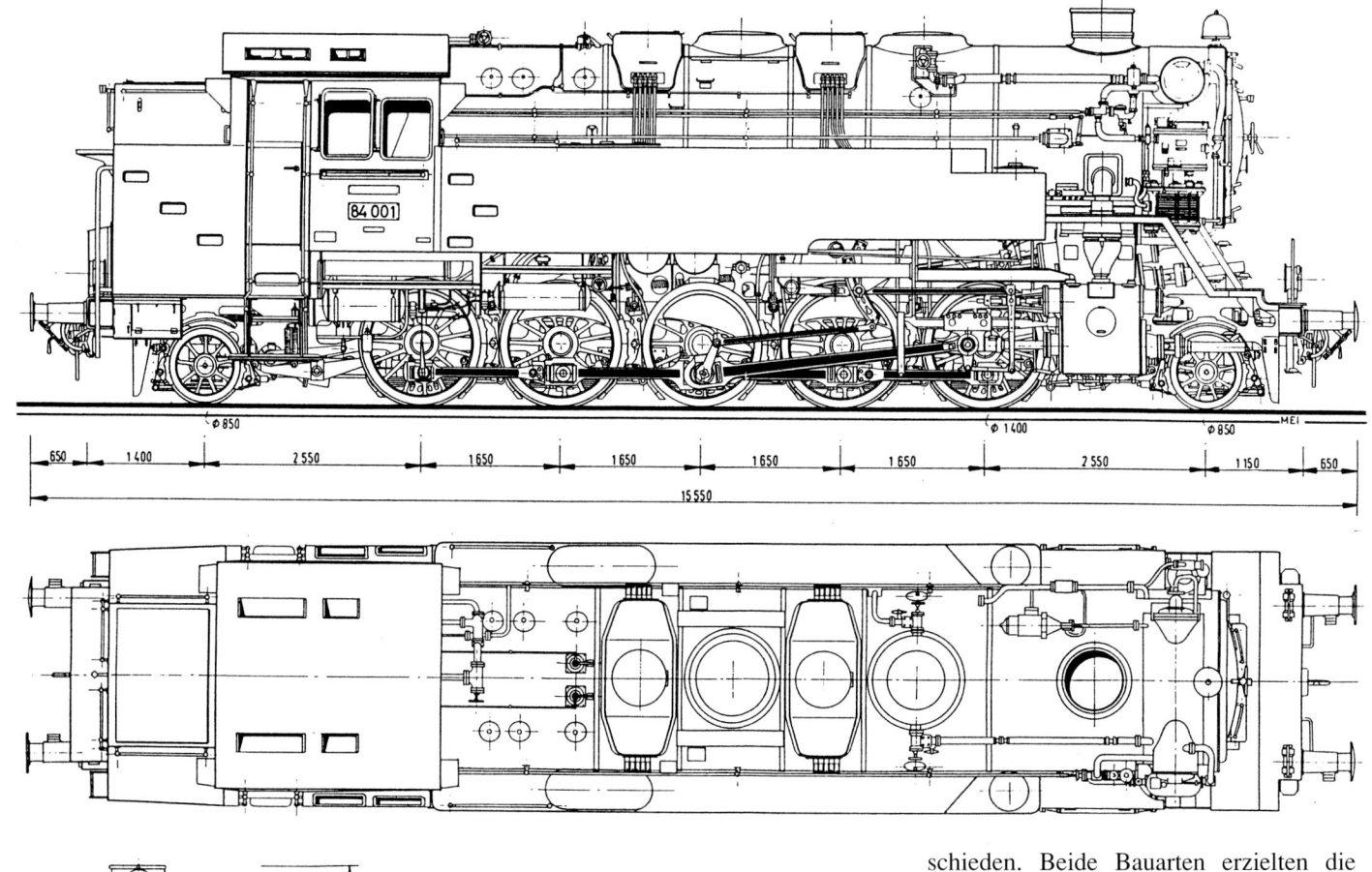

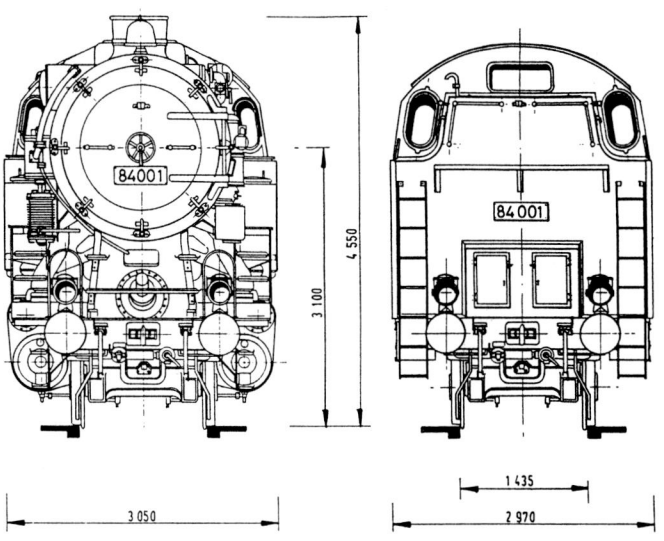

Ansichten und Draufsicht der 84 001 (gez.: Horst Meißner; aus eisenbahn-magazin 11/1979)

schieden. Beide Bauarten erzielten die gleichen Leistungen, da Kessel und Achsfolge (1'E1') übereinstimmten.

Die BMAG sah Schwartzkopff-Eckhardt-Lenkgestelle vor, bei denen die vordere bzw. hintere Laufachse mit der zweiten bzw. vierten (seitlich verschiebbaren) Kuppelachse über eine ausschwenkbare Gabel verbunden war. Diese lagerte in einem am Hauptrahmen angebrachten Drehzapfen und wurde von kräftigen Federn in Mittellage gehalten. Die zweite bzw. vierte Kuppelachse war mit der ersten bzw. fünften seitlich verschiebbaren Kuppelachse verbunden. Wegen der Seitenverschiebbarkeit von somit vier Kuppelachsen besaß die Lok nur eine feste Achse, nämlich die Treibachse, die zudem keinen Spurkranz hatte. Die Lok konnte sich damit allen Radien anpassen.

In klassischer Fotopositur (mit Kuppelstange unten) zeigte sich die 84 001 im Jahr 1939 in ihrem Heimat-Bw Dresden-Friedrichstadt.
Foto: Carl Bellingrodt (Sammlung Günther Klebes)

Lok-nummer	Hersteller	Fabrik-nummer	Bau-jahr	Anlieferung	Abnahme	Betriebs-genehmigung	Kaufpreis
84 001	BMAG	10452	1935	21.2.1936	24.2.1936	26.3.1936	180.000 RM
84 002	BMAG	10453	1935	17.1.1936	2.4.1936	1.7.1936	180.000 RM
84 003	O & K	12660	1936	11.3.1936	4.9.1936	12.9.1936	202.650 RM
84 004	O & K	12661	1936	3.11.1936	17.11.1936	4.12.1936	202.650 RM
84 005	BMAG	10656	1937	8.4.1937	30.4.1937	10.5.1937	173.000 RM
84 006	BMAG	10657	1937	3.5.1937	12.5.1937	22.5.1937	187.500 RM
84 007	BMAG	10658	1937	27.4.1937	4.5.1937	22.5.1937	187.500 RM
84 008	BMAG	10659	1937	20.5.1937	21.5.1937	2.6.1937	187.500 RM
84 009	BMAG	10660	1937	7.6.1937	9.6.1937	28.6.1937	187.500 RM
84 010	BMAG	10661	1937	22.6.1937	23.6.1937	13.7.1937	187.500 RM
84 011	BMAG	10662	1937	1.7.1937	5.7.1937	13.7.1937	187.500 RM
84 012	BMAG	10663	1937	2.8.1937	5.8.1937	6.9.1937	187.500 RM

O & K lagerten dagegen die zweite bis vierte Kuppelachse fest im Rahmen und schwächten den Spurkranz der dritten Kuppelachse, die wiederum als Treibachse diente, um 15 mm. Die Endkuppelachsen ließ man nicht von Stangen antreiben, sondern entsprechend der Bauart Luttermöller über Innenzahnräder. Das Gehäuse für die innerhalb des Rahmens befindlichen Zahnräder war mit dem antreibenden Zahnrad der zweiten bzw. vierten Kuppelachse drehbar gelagert und ermöglichte damit die radiale Einstellung der ersten und fünften Kuppelachse.

BMAG hatte seine beiden Maschinen (84 001 und 002) mit einem Drillingstriebwerk versehen, obwohl die thermische Überlegenheit der Zwillingslok bekannt war. Dagegen konnten die beiden Lokomotiven von O & K (84 003 und 004) wegen der Innenzahnräder nur Zwillingstriebwerke erhalten. Der Versuchsbetrieb mußte zeigen, welche Bauart bevorzugt und damit in Serie gehen sollte.

Die 84 003 verbrauchte bei 1.000 PSi Leistung etwa 4,6% und bei 1.700 PSi etwa 7,7% weniger Dampf als die Drillingslok. Der thermische Gewinn wurde durch den schlechten mechanischen Wirkungsgrad des Zahnradantriebs aufgezehrt. Der Energiebedarf für die Eigenbewegung der Lok mit Luttermöller-Antrieb war bei 30 km/h etwa doppelt so hoch wie bei der stangengetriebenen Lok. Beide Bauarten durchliefen Gleisbögen bis zu 190 m Radius sehr gut. Allerdings behielten auch in noch kleineren Radien die BMAG-Maschinen ihre gute Führung bei, während sich bei den Luttermöller-Endantrieben die Führung zunehmend auf die erste Kuppelachse verlagerte, die damit einen zu starken Seitendruck auf die äußere Fahrschiene ausübte. Die besseren Laufeigenschaften und der Beschaffungspreis entschieden über den Weiterbau.

Die von der BMAG gelieferten weiteren acht Lokomotiven (84 005 – 012) erhielten im Gegensatz zu den Prototypen 84 001 und 002 nur 16-kp/cm²-Kessel, da mit 20 kp/cm² die Wirtschaftlichkeit des Betriebs nicht nennenswert verbessert werden konnte, andererseits jedoch ein höherer Unterhaltungsaufwand nötig war. Eine der Vorauslokomotiven fuhr man schon früher mit 14 kp/cm² Kesseldruck, aber gerade bei geringen Geschwindigkeiten und hoher Belastung zeigten sich die Vorteile eines größeren Kesseldrucks deutlicher als bei höheren Geschwindigkeiten. Die Personale fürchteten die Baureihe 84 aus drei Gründen:
- wegen der Schwerstarbeit des Heizers beim Beschicken der Feuerbüchse mit Kohle bei Bergfahrten
- wegen der Entgleisungsgefahr der spurkranzlosen Treibachse beim Durchfahren von engen Gleisbögen (besonders im Geisinger Tunnel mit einem Bogen-Gegenbogen von 235/140 m) und bei schlechtem Oberbau
- wegen der schlechten Zugänglichkeit des zwischen dem Rahmen liegenden Antriebs des dritten Zylinders bei den BMAG-Maschinen bzw. des Luttermöller-Zahnradgetriebes

Die Einsätze der Baureihe 84

Die Darstellung der Geschichte der 84er basiert auf Betriebsbüchern, die noch komplett existieren, und auf anderen gesicherten Angaben.

Die Versuchsabteilung für Lokomotiven des Reichsbahnausbesserungswerks (RAW) Berlin-Grunewald testete eingehend die 1936 ausgelieferten Baumusterlokomotiven 84 002 und 003 und ermittelte deren Leistungsfähigkeit. Die 84 001 und 004 wurden sogleich dem Bw Dresden-Friedrichstadt zugeteilt, das noch 1936 die anderen beiden Maschinen erhielt.

Von den 1937 gebauten BMAG-Serienlokomotiven 84 005 – 012 blieb zunächst die 84 005 bei der Versuchsabteilung. Die anderen wurden ebenso wie die 84 005 wiederum in Dresden-Friedrichstadt stationiert. Da der Umbau der Müglitztalbahn noch nicht beendet war, setzte man die 84er in vielerlei Diensten im Dresdener Raum ein. Vor Arbeitszügen befuhren sie auch schon die fertiggestellten Abschnitte der Müglitztalbahn oberhalb von Glashütte, da dort wegen der engen Gleisradien zunächst nur die Baureihen 98⁰ und 84 zugelassen waren. Als sich nach dem Felssturz die Aufnahme des durchgehenden Verkehrs der Müglitztalbahn bis zum 26. April 1939 verzögerte, teilte man nach Beräumung der Gleisanlagen außer Reisezug- und Güterwagen auch drei Maschinen der Baureihe 84 dem neuen, dem Bw Dresden-Friedrichstadt zugeordneten Lokbahnhof Altenberg zu. Ab 23. Dezember 1938 bewältigten diese Maschinen den Inselverkehr Glashütte – Altenberg.

Nach den Prototypen 84 001 – 004 wurde 1937 mit der 84 005 die erste Serienlok der Baureihe 84 ausgeliefert.
Foto: Werner Hubert (Sammlung Dietrich Kutschik)

Während des 2. Weltkriegs (mit verdunkelten Loklaternen) fuhr die 84 005 mit einem von Dresden kommenden Personenzug in Mühlbach ein.
Foto: Paul Häschel

Auch nach April 1939 verblieben zwei Lokomotiven in Altenberg, wo sie mit Personal besetzt und gewartet wurden. In der Regel war die 84 005 als Planlok für den Güterzugdienst und bis Ende 1940 zumeist die 84 008 als unter Dampf stehende Reservelok vorgesehen. Normalerweise benötigte man im Müglitztal nur knapp die Hälfte des 84er Bestandes, so daß man die übrigen Maschinen anderweitig einsetzen konnte, z. B. im Dresdener Vorortverkehr. Lediglich an Winterwochenenden brauchte man im Ausflugsverkehr der Müglitztalbahn mehr Lokomotiven. Nur selten gelangte die 84 004 nach Altenberg.

Der 2. Weltkrieg führte zunehmend zu Streichungen im Reisezugverkehr. Als das Kriegsende nahte und die Kampflinie zurückwich, kamen auch einige Maschinen der Baureihe 84 zu Schaden. Die vom Luftangriff auf Dresden vom 13./14. Februar 1945 betroffenen 84 003 und 010 fielen bis Juli 1949 bzw. Januar 1946 aus. Ähnlich erging es möglicherweise der 84 008, die von April bis Dezember 1945 nicht einsatzfähig war. Dagegen wartete die 84 012 ab April 1945 auf ihre Reparatur, die dann bis Februar 1946 erfolgte.

Am 16. April 1945 entgleiste in Bärenhecke-Johnsbach die 84 009, die mit einem Güterzug nach Altenberg unterwegs war, wegen eines gebrochenen Radreifens. Nach dem Abziehen der Wagen nach Glashütte brachte die 86 437 den Hilfszug zur Unfallstelle. Bei den Aufgleisungsarbeiten beschossen Tiefflieger beide Lokomotiven (das Personal der 86er erlag den Verletzungen). Währenddessen stand in Glashütte die 84 011 mit einem Personenzug nach Altenberg. Als deren Personal den Kriegslärm hörte, kuppelte es die Lok ab und flüchtete mit ihr auf das Anschlußgleis im Müglitztal. Nun erreichten die Flugzeuge auch Glashütte und beschossen u. a. die 84 011. Dabei wurde der Lokführer am rechten Arm verletzt. Die vom Hilfszug abgeschleppte 84 009 entgleiste in Niederschlottwitz erneut und wurde dort abgestellt. Bei Kriegsende waren von zwölf Maschinen noch fünf einsatzfähig (84 002, 004 – 007), da auch die 84 001 auf ihre planmäßige Reparatur wartete (5/1945 – 9/1946 außer Betrieb).

Ende 1945 / Anfang 1946 ordnete die Sowjetische Militäradministration in Deutschland (SMAD) an, Lokomotiven vieler Baureihen auf Reserve für ihre Zwecke zu stellen. Betroffen war auch die BR 84 mit sechs Maschinen (84 005, 007 – 009, 011 und 012), die man zunächst am nach dem Bombenangriff nicht mehr nutzbaren Ablaufberg des Rangierbahnhofs Dresden-Friedrichstadt abstellte.

1945 wurden die 84 004 (am 7.9.), 007 (27.10.) und die frisch ausgebesserte 84 009 (21.12.) dem Bw Dresden-Altstadt zugeteilt. Ab 1.1.1946 gehörten auch die 84 002 und 005 sowie die noch schadhaften 84 001, 003 und 006 zum Bw Dresden-Altstadt, ab 9.1.1946 zudem die noch nicht betriebsfähige 84 011 und ab 25. bzw. 31.1. die reparierten 84 008 und 010. Nur die 84 012, die im Februar 1946 betriebsfähig hergerichtet wurde, übergab man erst am 5.5.1946 dem Bw Dresden-Altstadt. Damit waren nahezu alle 84er in einem Bahnbetriebswerk vereint, bis auf die 84 004, die ab 2.12.1945 zunächst zum Bw Zwickau gehörte, aber am 1.8.1946 nach Dresden-Altstadt zurückkehrte. Das Gastspiel der BR 84 dauerte dort nicht lange. Bereits Anfang 1947 wurden die ersten Maschinen wieder nach Dresden-Friedrichstadt umgesetzt: 84 001 und 002 (am 22.1.), 005, 009 und 011 (6.2.), 007 (8.2.), 004 und 010 (17.2.), 012 (26.2.), 008 (6.5.) sowie 003 und 006 (30.8.).

Die 84 004 mit Luttermöller-Zahnradgetriebe lief ab 6.12.1946 als 2C2-Lok, da Zylinderrollenlager für das Getriebe fehlten. Sie diente von 1946 bis Juni 1947 als Schiebelok auf der Rampe Dresden-Neustadt – Klotzsche und wurde dann abgestellt, am 11.3.1958 ausgemustert und 1962 im Bw Dresden-Altstadt zerlegt.

In den ersten Nachkriegsjahren war keine 84er im Müglitztal zu sehen. Dem Lokbahnhof Altenberg teilte man zwei Maschinen der Baureihe 74[4-13] zu, die alle

Beheimatungen der Baureihe 84
(Stationierungslücken deuten auf Werkstattaufenthalte hin, die hier nicht erfaßt sind)

Heimat-Bw	von – bis	Bemerkungen
84 001		
Dresden-Friedrichstadt	3.3.1936 – 31.12.1945	bis 1938 zeitweise beim Bw Dresden-Altstadt zur Erprobung
Dresden-Altstadt	1.1.1946 – 21.1.1947	5/1945 – 9/1946 schadhaft
Dresden-Friedrichstadt	22.1.1947 – 8.7.1951	bis 1948 im Müglitztal im Einsatz
Schwarzenberg	2.9.1951 – 12.6.1953	
Dresden-Altstadt	13.6.1953 – 2.11.1955	8/1953 – 5/1954 Heizlok bei SAG/SDAG Wismut (Gittersee)
Aue	28.2.1956 – 11.7.1966	8/1957 – 2/1958 schadhaft
(abgestellt 10.10.1957 oder Mai 1960, ausgemustert 13.8.1965)		
84 002		
Raw Grunewald	17.1.1936 – 2.6.1936	
Dresden-Friedrichstadt	3.6.1936 – 31.12.1945	bis 1938 zeitweise beim Bw Dresden-Altstadt zur Erprobung
Dresden-Altstadt	1.1.1946 – 21.1.1947	
Dresden-Friedrichstadt	22.1.1947 – 21.7.1949	bis 1950 im Müglitztal im Einsatz
Schwarzenberg	22.7.1949 – 17.10.1950	
Dresden-Friedrichstadt	18.10.1951 – 3.7.1951	
Schwarzenberg	16.8.1951 – 12.6.1953	
Dresden-Altstadt	13.6.1953 – 25.10.1955	1954 – vmtl. 10/1955 Heizlok bei SAG/SDAG Wismut (Gittersee)
Aue	1.1.1956 – 27.12.1957	Riß des rechten Zylinders am 14.4.1957
Riesa	28.12.1957 – 26.4.1958	Heizlok im VEB Stahl- und Walzwerk Riesa
(abgestellt 14.4.1957, ausgemustert 13.7.1965, zerlegt 20.9.1966 im Raw Zwickau)		
84 003		
Raw Grunewald	11.3.1936 – 26.9.1936	
Dresden-Friedrichstadt	27.9.1936 – 31.12.1945	bis 1938 zeitweise beim Bw Dresden-Altstadt zur Erprobung, bei Luftangriff beschädigt, 3/1945 – 7/1949 schadhaft
Dresden-Altstadt	1.1.1946 – 29.8.1947	
Dresden-Friedrichstadt	30.8.1947 – 3.7.1951	bis 1950 im Müglitztal im Einsatz
Schwarzenberg	19.9.1951 – 23.2.1954	
Dresden-Altstadt	24.2.1954 – ?	ab 9.3.1954 Heizlok bei SDAG Wismut (Gittersee)
(ausgemustert 16.3.1962)		
84 004		
Dresden-Friedrichstadt	22.11.1936 – 6.9.1945	bis 1938 zeitweise beim Bw Dresden-Altstadt zur Erprobung überlassen, im Müglitztal nur gelegentlich bis 1945 im Einsatz
Dresden-Altstadt	7.9.1945 – 25.11.1945	
Zwickau	2.12.1945 – ?	
Dresden-Altstadt	1.8.1946 – 16.2.1947	ab 6.12.1946 wegen fehlender Ersatzteile für Luttermöller-Getriebe als 2C2-Lok im Einsatz
Dresden-Friedrichstadt	17.2.1947 – ?	1946 – 6/1947 als Schiebelok Dresden-Neustadt – DD-Klotzsche im Einsatz; danach schadhaft abgestellt
(ausgemustert 11.3.1958, zerlegt 1962 im Bw Dresden-Altstadt)		
84 005		
Raw Grunewald	3.5.1937 – 22.7.1937	
Dresden-Friedrichstadt	23.7.1937 – 31.12.1945	ab 12/1938 im Lokbahnhof Altenberg als Güterzugplanlok stationiert
Dresden-Altstadt	1.1.1946 – 5.12.1947	ab Ende 1945 SMAD-Reserve, trotzdem gelegentlich bis 1948 im Müglitztal im Einsatz
Dresden-Friedrichstadt	6.2.1947 – 30.6.1951	3/1951 – 8/1951 schadhaft
Schwarzenberg	2.7.1951 – 7.3.1954	
Dresden-Altstadt	8.3.1954 – 26.11.1956	14.3.1954 – vmtl. 7/1965 Heizlok bei SDAG Wismut (Gittersee), danach Warten auf Ausbesserung
Aue	12.6.1957 – 18.9.1959	Unfallschaden am 18.10.1957, abgestellt am 14.2.1959
Saalfeld	19.9.1959 – 2.10.1959	kein Einsatz
Gera	3.10.1959 – 18.10.1959	kein Einsatz
Chemnitz Hbf	19.10.1959 – 17.3.1962	kein Einsatz
(abgestellt 14.2.1959, ausgemustert 13.7.1965)		
84 006		
Dresden-Friedrichstadt	16.5.1937 – 31.12.1945	5/1945 in Altenberg Einschüsse durch Kämpfe, nach 1945 kein Einsatz im Müglitztal
Dresden-Altstadt	1.1.1946 – 29.8.1947	9/1945 – 9/1948 schadhaft
Dresden-Friedrichstadt	30.8.1947 – 21.9.1949	
Schwarzenberg	22.10.1949 – 10.1.1951	
Dresden-Friedrichstadt	11.1.1951 – 3.7.1957	
Schwarzenberg	4.7.1951 – 31.12.1955	
Aue	29.3.1956 – 13.7.1956	
(abgestellt 25.3. oder 12.12.1958, ausgemustert 13.8.1965)		
84 007		
Dresden-Friedrichstadt	21.5.1937 – 26.10.1945	
Dresden-Altstadt	27.10.1945 – 7.2.1947	ab Ende 1945 SMAD-Reserve, trotzdem gelegentlich bis 1947 im Müglitztal im Einsatz
Dresden-Friedrichstadt	8.2.1947 – 25.2.1949	8/1947 – 7/1948 schadhaft
Schwarzenberg	26.2.1949 – 04.11.1952	
Dresden-Altstadt	5.11.1952 – 28.1.1953	
Schwarzenberg	25.3.1953 – 13.5.1954	
Falkenstein (Vogtl)	14.5.1954 – 12.8.1954	
Schwarzenberg	13.8.1954 – 3.10.1954	
Dresden-Altstadt	4.10.1954 – 14.4.1958	ab 15.10.1954 Heizlok bei SDAG Wismut (Gittersee), ab 7/1956 schadhaft, danach Nachbaukessel des Raw Zwickau
Chemnitz Hbf	15.4.1958 – 17.3.1962	kein Einsatz
(abgestellt 15.6.1955 (vorübergehend?), ausgemustert 13.7.1965, zerlegt 13.1.1967 im Raw Zwickau)		

84 008

Dresden-Friedrichstadt	25.5.1937 – 25.10.1945	12/1938 – 1941 im Lokbahnhof Altenberg in der Regel als unter Dampf stehende Reservelok stationiert
Dresden-Altstadt	25.1.1946 – 3.1.1947	4/1945 – 12/1945 schadhaft, ab Ende 1945 SMAD-Reserve, 1946/47 regelmäßig (später sporadisch) Schiebelok Tharandt – Klingenberg-Colmnitz, bis 1948 zeitweise im Müglitztal im Einsatz, schadhaft: 11/1946 – 4/1947, 6-9/1947 und 6-12/1948
Dresden-Friedrichstadt	6.5.1947 – 15.2.1949	
Schwarzenberg	23.3.1949 – 31.12.1955	8–12/1953 schadhaft
Aue	1.1.1956 – 5.10.1958	
Chemnitz Hbf	6.10.1958 – 31.8.1961	Heizlok
Raw Chemnitz	1.9.1961 – ?	Kranprüflok

(abgestellt 7.6.1958)

84 009

Dresden-Friedrichstadt	15.6.1937 – 9.9.1945	am 16.4.1945 Entgleisung und Tieffliegerbeschuß in Bärenhecke-Johnsbach, danach wegen erneuter Entgleisung in Niederschlottwitz abgestellt, bis 12/1945 schadhaft, ab Ende 1945 SMAD-Reserve
Dresden-Altstadt	21.12.1945 – 5.2.1947	1946/47 regelmäßig Schiebelok Tharandt – Klingenberg-Colmnitz
Dresden-Friedrichstadt	6.2.1947 – 5.4.1949	ab Sommer 1947 im Lokbahnhof Altenberg stationiert für Einsatz im Müglitztal
Schwarzenberg	6.4.1949 – 28.10.1954	
Dresden-Altstadt	29.10.1954 – 14.4.1958	6.11.1954 – 8/1955 Heizlok bei SDAG Wismut (Gittersee), ab 10/1956 schadhaft
Chemnitz Hbf	15.4.1958 – 17.3.1962	kein Einsatz

(abgestellt 14.4.1958, ausgemustert 26.2.1965, zerlegt 16.1.1967 im Raw Zwickau)

84 010

Dresden-Friedrichstadt	1.7.1937 – 1.12.1945	bei Luftangriff beschädigt, 3/1945 – 1/1946 und 10/1946 – 1/1947 schadhaft
Dresden-Altstadt	31.1.1946 – 16.2.1947	bis 1948 im Müglitztal im Einsatz
Dresden-Friedrichstadt	17.2.1947 – 5.4.1949	6/1947 – 9/1948 schadhaft
Schwarzenberg	30.5.1949 – 12.6.1953	
Dresden-Altstadt	13.6.1953 – 14.4.1958	zeitweise Heizlok bei SAG/SDAG Wismut (Gittersee)
Chemnitz Hbf	15.4.1958 – 17.3.1962	kein Einsatz

(abgestellt 16.4.1955, ausgemustert 13.7.1965, zerlegt im Raw Chemnitz, obwohl als Museumslok vorgesehen)

84 011

Dresden-Friedrichstadt	10.7.1937 – 8.1.1946	am 16.4.1945 Tieffliegerbeschuß in Glashütte, danach bis 3/1946 schadhaft
Dresden-Altstadt	9.1.1946 – 5.2.1947	ab Anfang 1946 SMAD-Reserve, trotzdem gelegentlich im Müglitztal im Einsatz
Dresden-Friedrichstadt	6.2.1947 – 21.6.1949	ab Sommer 1947 im Lokbahnhof Altenberg für Einsatz im Müglitztal, 10/1947 – 10/1948 schadhaft
Schwarzenberg	22.6.1949 – 12.3.1954	
Dresden-Altstadt	13.3.1954 – 3.5.1948	25.3.1954 – vmtl. 3/1955 Heizlok bei SDAG Wismut (Gittersee), danach schadhaft
Chemnitz Hbf	4.5.1958 – 17.3.1962	kein Einsatz

(abgestellt 11.3.1955, ausgemustert 16.2.1965)

84 012

Dresden-Friedrichstadt	13.8.1937 – 5.5.1946	4/1945 – 2/1946 schadhaft
Dresden-Altstadt	6.5.1946 – 25.2.1947	ab Ende 1945 SMAD-Reserve, 1946/47 regelmäßig (später gelegentlich) Schiebelok Tharandt – Klingenberg-Colmnitz
Dresden-Friedrichstadt	26.2.1947 – 21.2.1949	bis Anfang 1949 gelegentlicher Einsatz im Müglitztal
Schwarzenberg	22.2.1949 – 31.12.1955	
Aue	1.1.1956 – 5.10.1958	ab 8/1957 schadhaft, ab 4.7.1958 außer Betrieb
Dresden-Altstadt	6.10.1958 – ?	ab 2.12.1958 Heizlok bei SDAG Wismut (Gittersee)

(abgestellt 4.7.1958, ausgemustert 13.7.1965, zerlegt 20.9.1966 im Bw Dresden-Altstadt)

Zehn Jahre lang war der Lokbahnhof Altenberg das Domizil der in Dresden stationierten 84 007.
Foto: Carl Bellingrodt (Sammlung Günter Hauschild)

Leistungen zwischen Altenberg und Glashütte fuhren, aber mitunter auch bis Heidenau gelangten. Von den als SMAD-Reserve vorgesehenen 84ern setzte man schließlich bis 1947 die 84 008, 009 und 012 regelmäßig als Schiebelok zwischen Tharandt und Klingenberg-Colmnitz ein, gelegentlich auch andere. Die restlichen beförderten überwiegend Nahgüterzüge zwischen Dresden-Friedrichstadt und Pirna, mitunter auch bis Bad Schandau.

Die Situation im Müglitztal änderte sich zum Winterfahrplan 1946/47, als die ersten 84er auf ihre Stammstrecke zurückkehrten. Damals waren (abgesehen von der SMAD-Reserve und der 84 004) die 84 001, 002 und ab Februar 1947 die 84 010 betriebsfähig. Sie reichten für den noch schwachen Verkehr völlig aus. Die mit Beginn des Sommerfahrplans 1947 dem Lokbahnhof Altenberg zugeteilten 84 009 und 011 übernahmen einen Teil des Zugverkehrs im Müglitztal. Die 84 006 war nach 1945 hier nicht mehr zu sehen, obwohl sie im Oktober 1948 instandgesetzt worden war. Das Bw Dresden-Friedrichstadt teilte sie in Güterzugdiensten zwischen Dresden und Pirna/Bad Schandau ein, z.T. auch als Schiebelok zwischen Tharandt und Klingenberg-Colmnitz. Gelegentlich konnte man auch eine 84er der SMAD-Reserve im Müglitztal beobachten, ferner bis 1948 die 84 001 und 010 sowie bis zum Winter 1950/51 die 84 002 und 003. Die 84 003 war die am längsten im Müglitztal eingesetzte 84er.

Der 1946 beginnende Uranerzbergbau im Westerzgebirge um Schwarzenberg und Johanngeorgenstadt ließ das Verkehrsaufkommen enorm ansteigen und erforderte leistungsfähige Lokomotiven. Somit kamen Maschinen der Baureihe 84 im Jahr 1949 zum Bw Schwarzenberg: 84 012 (22.2.), 007 (26.2.), 008 (23.3.), 009 (6.4.), 010 (30.5.), 011 (22.6.), 002 (22.7.), 006 (22.10.). Sie befuhren die Strecke nach Johanngeorgenstadt teilweise doppeltbespannt oder dienten als Vorspann- bzw. Schiebelok für die BR 58. Das neue Einsatzgebiet für einen Teil der BR 84 hatte auch Nachteile. Es war nicht möglich, einen Zug über die 56 km lange Strecke Zwickau – Johanngeorgenstadt zu fahren, ohne unterwegs Wasser zu fassen. Zudem konnten die Maschinen mit ihren 18 t Achslast nicht auf den stark belasteten Anschlußstrecken nach Annaberg-Buchholz und Chemnitz (über Aue) eingesetzt werden, weil diese nur für 15 bzw. 16 t zugelassen waren.

Nach einem kurzen Gastspiel in Dresden-Friedrichstadt (11.1. – 3.7.1951) kehrte die 84 006 nach Schwarzenberg zurück. Noch 1951 stationierte man die restlichen 84er (außer der im Juli 1947 abgestellten 84 004) nach Schwarzenberg um: 84 005 (2.7.), 002 (16.8.), 001 (2.9.) und 003 (19.9.). Die wartungsintensiven und auf schlechtem Oberbau empfindlichen Maschinen fanden hier wenig Interesse. Als die Sowjetische Aktiengesellschaft (SAG, ab 1954 Sowjetisch-Deutsche Aktiengesellschaft, SDAG) Wismut, die in Dresden-Gittersee Uranerzkonzentrat aufbereitete, Dampferzeuger großer Leistung benötigte, sah man in Schwarzenberg eine willkommene Gelegenheit, die 84er loszuwerden. Die 84 007 hatte zwischenzeitlich den Bw Dresden-Altstadt (3.11.1952 – 28.1.1953) und Falkenstein (Vogtl) (14.5. – 12.8.1954) angehört, kam aber jeweils nach Schwarzenberg zurück.

In Dresden-Gittersee brauchte die SAG/SDAG Wismut etwa von 1953 bis 1956 erst zwei, dann drei bis vier Heizlokomotiven. Am 12.6.1953 gab man die 84 001 und 010, einen Tag später die 84 002 an das Bw Dresden-Altstadt ab. Für den Heizlokdienst baute man die Treib- und Kuppelstangen, die spurkranzlose Treibachse und andere entbehrliche Teile ab (lt. Betriebsbuchvermerk). Tatsächlich wurde aber – außer bei der 84 003 – die Treibachse nur hochgebunden, um ein Befahren der 85-m-Gleisradien der Wind-

Fotos aus den frühen 50er Jahren, als sich im Erzgebirge die SAG/SDAG Wismut ausbreitete, sind Raritäten. Hier stehen die damals in Aue stationierten 84 003 und 91 1945 im Bf Aue auf Gleis 33 am Bahnsteig 4.
Foto: J. Kroitsch (Sammlung Kuhlmann)
Unten: 84 002 zu Beginn der 50er Jahre vor dem damals neu erbauten Tunnel vor Schwarzenberg aus Richtung Johanngeorgenstadt kommend.
Foto: Sammlung Matthias Lang

bergbahn zu ermöglichen. Die 84 001 und 010 waren ab August 1953 an die SAG/SDAG Wismut als Heizlok verliehen, gehörten aber wie die anderen weiterhin zum Bestand des Bw Dresden-Altstadt. Für Heizzwecke genügte ein Kesseldruck von 10 kp/cm². Die 84 001 wurde dort bis Mai 1954 verwendet, und auch die 84 010 dürfte nicht länger dort verblieben sein. Im Frühjahr 1954 gab man nämlich drei weitere Maschinen nach Dresden-Altstadt ab: 84 003 (23.2.), 005 (8.3.) und 011 (13.3.), die man nach Gittersee als Heizlok überführte (am 9.3., 14.3. und 25.3.). Schließlich folgte die 84 002, die ab 13.6.1953 in Dresden-Altstadt im Fahrdienst eingesetzt war. Im Herbst 1954 stockte man den Heizlokbestand in Gittersee (84 002, 005, 011) mit der 84 007 (ab 4.10. in DD-Altstadt, ab 15.10. in Gittersee) und mit der 84 009 (ab 29.10. in DD-Altstadt, ab 6.11. in Gittersee) auf.

1955 reduzierte sich der Heizlokeinsatz etwas: Vermutlich im März wurde die 84 011 abgezogen, etwa im Juli die 84 005 und im August die 84 009. Die 84 005 und 011 kehrten schadhaft zurück. Nach einer Ausbesserung stand die 84 005 ab 12.6.1956 im Dienst des Bw Aue. Die defekte 84 011 verblieb bis zum 3.5.1958 in Dresden-Altstadt und kam dann zum Bw Chemnitz Hbf, dort aber nicht mehr zum

Einsatz (Chemnitz nannte sich 1953–90 Karl-Marx-Stadt, was hier unbeachtet bleibt). Die im August 1955 von Gittersee zurückgekehrte 84 009 wurde anschließend vom Bw Dresden-Altstadt aus wieder eingesetzt, erlitt jedoch im Oktober 1956 einen Schaden. Ohne diesen zu reparieren, gelangte sie am 15.4.1958 zum Bw Chemnitz Hbf. Im Juli 1956 wurde die 84 007 nach einem Kesselschaden von Gittersee abgezogen, so daß dort keine 84er mehr als Dampferzeuger diente. Obwohl im Betriebsbuch der 84 007 nichts vermerkt ist, erhielt die Lok im Jahr 1956 im Raw Zwickau einen Nachbaukessel. Das Läutewerk befand sich nun nicht mehr vor, sondern hinter dem Schornstein, so daß die Lok ihr markantes Aussehen verlor. Bis zum 14.4.1958 zählte sie zum Bestand des Bw Dresden-Altstadt.

Am 1.1.1956 wurde das Bw Schwarzenberg zur Einsatzstelle des Bw Aue, das somit die 84 008 und 012 übernahm. Von der Reparatur kehrte am selben Tag die 84 002 (bis 25.10.1955 in DD-Altstadt beheimatet) zurück, am 28.2.1956 die 84 001 (bis 2.11.1955 DD-Altstadt) und am 29.3.1956 die 84 006 (bis 31.12.1955 DD-Altstadt). Die nach manchen Quellen ebenfalls in Aue stationierten 84 009 und 010 gehörten damals dem Bw Dresden-Altstadt an und wurden am 15.4.1958 nicht-betriebsfähig zum Bw Chemnitz Hbf umgesetzt. Erst am 12.6.1957 traf in Aue die 84 005 von der Ausbesserung ein, die bis zum 26.11.1956 zum Bw Dresden-Altstadt gehört hatte. Damit waren sechs 84er in Aue beheimatet.

Von der 84 003 verliert sich nach dem Einsatz in Gittersee jede Spur. Im Betriebsbuch ist nicht vermerkt, wann sie aus dem Bestand des Bw Dresden-Altstadt ausgeschieden ist. Die 84 007 muß noch bis zum Winter 1957/58 mit Nachbaukessel beim Bw Dresden-Altstadt unter Dampf gestanden haben, denn sie hat zwischen Dresden und Arnsdorf bzw. Kamenz Personenzüge befördert. Nach ihrer Umsetzung zum Bw Chemnitz Hbf am 15.4.1958 kam sie jedenfalls nicht mehr zum Einsatz. Auch die gleichzeitig nach Chemnitz abgegebenen 84 009 und 010 blieben kalt. Die 84 011 traf erst am 4.5.1958 dort ein, aber schadhaft.

Der Kesselzerknall der 03 1046 im Juni 1957 in Wünsdorf hatte auch Einfluß auf die 84er, die wie die 03^{10} den nicht alterungsbeständigen Kesselbaustahl St 47 K besaßen. Danach mußten alle Maschinen mit St-47-K-Kessel, also die Baureihen 03^{10}, 41 und 84, sofort abgestellt werden. Schon vor Beginn des „Rekonstruktionsprogramms" traten bei ihnen häufig Kesselschäden auf. Die den Betriebsbüchern der Baureihe 84 beigefügten Kesselflickenverzeichnisse belegen dies.

In Aue wurde die 84 001 im August 1957 abgestellt. Dem Betriebsbuch ist nicht klar zu entnehmen, ob sie am 10.10.1957 oder erst im Mai 1960 aus dem Betriebspark gestrichen wurde. Die 84 002 war schon ab 14.4.1957 nach einem Riß des rechten Zylinders nicht einsatzfähig und wurde am 28.12.1957 dem Bw Riesa als Heizlok für den VEB Stahl- und Walzwerk Riesa übergeben. Die 84 005 – vermutlich aufgrund des guten Kesselzustands – fuhr noch bis zum 18.10.1957. Dann wurde sie bei einem Unfall beschädigt und nicht mehr repariert. Nach ihrer Abstellung am 14.2.1959 und einer Irrfahrt durch die Bw Saalfeld (19.9. – 2.10.1959) und Gera (3.10. – 18.10.1959) gelangte sie schließlich zum Bw Chemnitz Hbf. Die 84 006 blieb nach einer Kesselprüfung noch unter Dampf und schied erst am 25.3. oder 12.12.1958 (widersprüchliche Angaben im Betriebsbuch) aus. Auch die 84 008 war noch zeitweise im Dienst, bis sie am 6.10.1958 dem Bw Chemnitz Hbf als Heizlok übergeben wurde, wobei der Kesseldruck nur noch 10 kp/cm² betrug. Die 84 012 wurde im August 1957 abgestellt und am 4.7.1958 außer Dienst gestellt. Sie kehrte am 6.10.1958 nach Dresden-Altstadt zurück und fungierte ab 2.12.1958 in Gittersee als Heizlok.

Bis auf die 1962 zerlegte 84 004 sollten die verbliebenen 84er zusammen mit der BR 38$^{10-40}$ rekonstruiert werden – allerdings erst 1962, da zunächst vordringlich das „Reko-Programm" für die 03^{10}er und 41er anlief. Die Reko-84er sollten dann zur Unterstützung der BR 95^{0} mit geringeren Leistungsparametern in Thüringen (Ilmenau – Suhl, Arnstadt – Suhl, Saalfeld – Probstzella – Sonneberg – Eisfeld) und auf der Rübelandbahn (Blankenburg – Tanne / Drei Annen Hohne) eingesetzt werden. Wegen zu geringer Stückzahl sah man schließlich davon ab.

Ab Juli 1951 fuhr die 84 006 fünf Jahre lang im Raum Aue / Schwarzenberg (hier zwischen Aue und Lauter um 1955). Foto: Sammlung Bernd Kuhlmann

Unten: Die 84 005 wurde 1959 nach einem Unfallschaden von 1957 abgestellt. Die letzten sechs Jahre vor ihrer Ausmusterung verbrachte sie auf einem Schrottgleis in Chemnitz. Foto: Heinz Finzel

Der Mitteleinstiegswagen C4itr (damals 3. Klasse) der Bauart „Heidenau-Altenberg" auf einem LHW-Werkbild. Foto: Sammlung Günther Klebes

Von 1962 bis 1965 schieden die letzten Lokomotiven der Baureihe 84 aus. Die 84 008 kam am 1.9.1961 ins Raw Chemnitz, wo sie zeitweise als Prüflok für die Belastbarkeit von Kränen fungierte. 1966–68 wurden die übrigen 84er in den Raw Zwickau, Halle (Saale) und Chemnitz sowie im Bw Dresden-Altstadt verschrottet. Fraglich ist, ob sie alle unter den Schneidbrenner gerieten. Einige von ihnen sollen als Kernschrott ins Ausland verkauft worden sein (das Schicksal der 84 003 ist bis heute unklar). Die 84 010 war, als sie im Raw Chemnitz schon auf dem Schrottplatz stand, als Museumslok vorgesehen. Als jedoch zum Erfüllen des Schrottsolls gerade einige dutzend Tonnen Stahl fehlten, zerlegte man sie kurzerhand. Somit blieb keine dieser markanten, formschönen und leistungsfähigen Dampflokomotiven erhalten. Ein Modell der 84 001, das die vielen technischen Neuerungen dieser Baureihe zeigt, erinnert im Verkehrsmuseum Dresden an sie.

Die „Altenberger Wagen"

gelten ebenso wie die 84er als Spezialität der Müglitztalbahn, doch sollten sie zwei Zwecken dienen; nämlich dem wochentags starken Dresdener Nahverkehr sowie dem Ausflugs- und Wintersportverkehr ins Osterzgebirge. Man wollte mit diesen Reisezugwagen sogar Eilzüge Berlin – Altenberg bilden, und falls sie sich bewährten, sollten sie in gleicher oder ähnlicher Form für den Nahverkehr anderer Städte beschafft werden.

Primärer Anlaß für ihren Bau war zwar die auf Normalspur umzubauende Müglitztalbahn, doch kamen weitere Einsatzgebiete in Betracht. Allgemein sprach man von „Altenberger Wagen" oder der Bauart „Heidenau-Altenberg" (auch auf Werkszeichnungen findet man diese Angaben). Die DRB hingegen bezeichnete sie als „vierachsige Durchgangswagen der Einheitsbauart 1935 Großraum", die DR nannte sie „Eilzugwagen mit Großraumabteilen" bzw. Type E 1. Welche Merkmale mußten sie für den vorgesehenen Einsatz aufweisen?

– Viele Türspuren mit entsprechend großen Stauräumen, um im Nahverkehr mit einem raschen Fahrgastwechsel kurze Aufenthaltszeiten zu erzielen
– ausreichende Sitzplatzzahl für längere Fahrstrecken, wie sie im Ausflugs- und Wintersportverkehr sowie bei den beabsichtigten Eilzügen nötig sind
– statt Einzelabteile nunmehr nahverkehrsgerechte Großraumabteile
– ausreichender Platz für Gepäck und Traglasten sowie zur Beförderung von Schneeschuhen (ggf. auch für Reise-

---

Technische Daten der „Vierachsigen Durchgangswagen Einheitsbauart 1935 Großraum" (späterer DR-Typ E 1)

Gattung vor 1958	BC4i	C4itr
Gattung bis 1967	AB4il	B4iltr bzw. B4il
Betriebs-Nr. vor 1958	33 540 bis 541 (Probewagen)	73 413 bis 416 (Probewagen)
	33 542 bis 571	73 467 bis 526
Betriebs-Nr. bis 1967	248-101 bis -103	248-201 bis -235, -301
Dienstgewicht	24,8 t	24,7 t
Gewicht je Sitzplatz	443 kg	377 kg
Länge über Puffer	18.355 mm	19.130 mm
Wagenkastenlänge	17.055 mm	17.830 mm
Wagenkastenbreite	3.014 mm	2.992 mm
Höhe ü. Schienenoberkante	3.894 mm	3.894 mm
Fußbodenhöhe über SO	1.200 mm	1.200 mm
Gesamtachsstand	14.225 mm	15.000 mm
Drehzapfenabstand	11.225 mm	12.000 mm
Drehgestellachsstand	3.000 mm	3.000 mm
Raddurchmesser	900 mm	900 mm
Sitzplätze 2. Klasse	32 (Teilung 1 + 3)	–
Sitzplätze 3. Klasse	24 (Teilung 2 + 3)	64 (Teilung 2 + 3)
Drehgestelle: Görlitz III leicht geschweißt		
Bremse: Hildebrand-Knorr-Bremse für Personenzüge		
Heizung: Dampfheizung als Niederdruck-Umlaufheizung		
Beleuchtung: elektrisch		

Im Sommer 1939 verließ die 84 009 mit dem P 2865 nach Altenberg den Bf Dohna. Auch in diesem Zug sieht man wieder durchweg 3.-Klasse-Wagen.
Foto: Hans-Joachim Simon
Unten: Längsansicht und Grundriß des Mitteleinstiegswagen C4itr.
Gez.: Ulrich Person

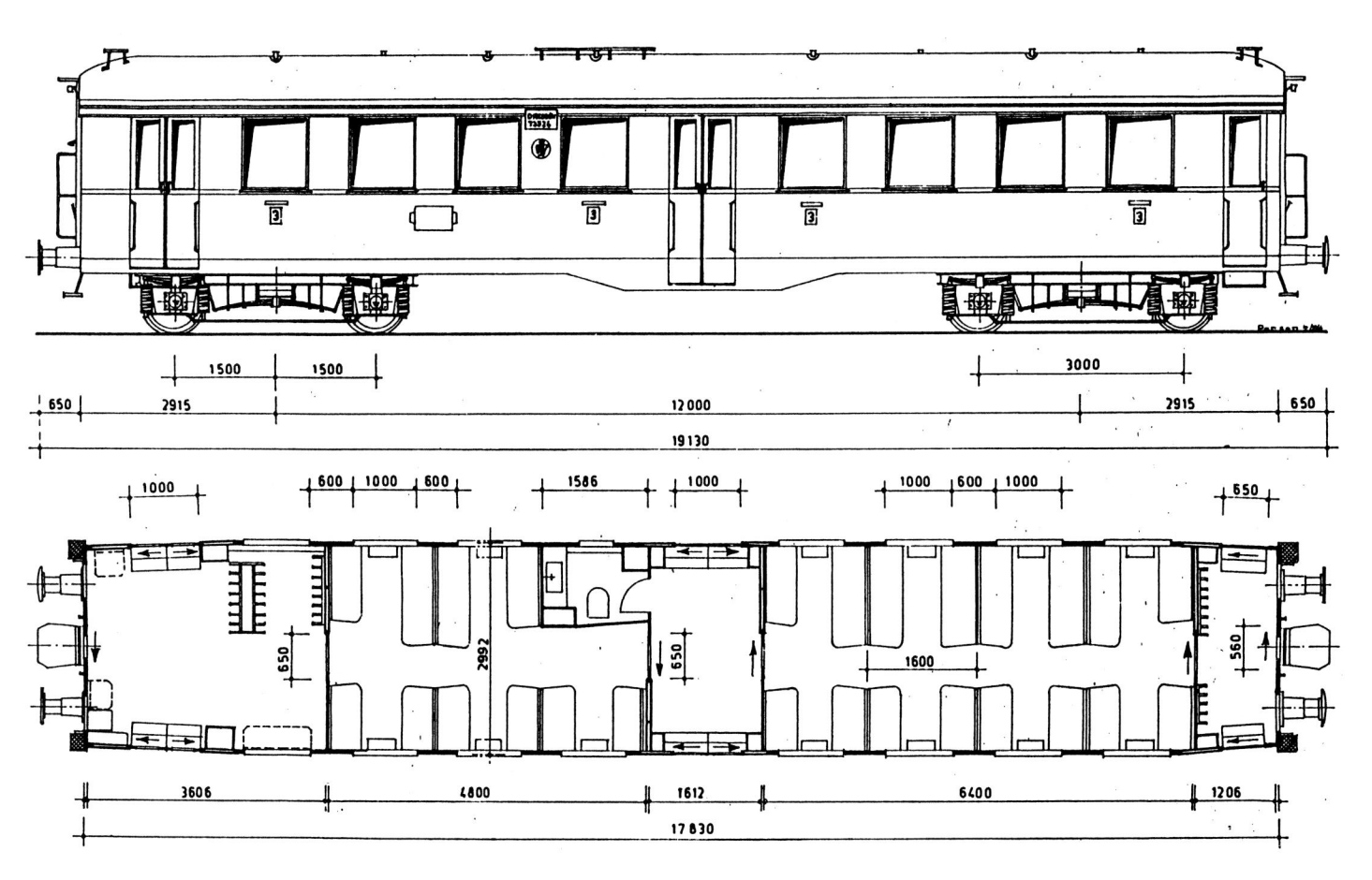

gepäck, Expreßgut und Post nutzbar, dadurch Verzicht auf einen separaten Packwagen zur Verringerung der Zuglast)
– geringes Sitzplatzgewicht, um die tote Zuglast bei Bergfahrten zu reduzieren
– gute Laufeigenschaften auch bei hohen Geschwindigkeiten

Die Entwicklung leitete das Reichsbahn-Zentralamt (RZA) Berlin gemeinsam mit den Linke-Hofmann-Werken in Breslau (Wroclaw). Es entstand ein vierachsiger Mitteleinstiegswagen, der als reiner 3.-Klasse-/Traglastenwagen (C4itr) bzw. als 2./3.-Klasse-Wagen (BC4i) konzipiert war. Die Gestaltung der Fahrgasträume entsprach völlig den Erwartungen. Das Ziel, mit einem Sitzplatzgewicht von höchstens 250 kg auszukommen, wurde jedoch deutlich überschritten (443 kg beim BC4i, 377 kg beim C4itr). Bei Probefahrten überzeugte die Laufruhe noch bei Geschwindigkeiten von 132 km/h. Die 1936/37 ausgelieferten 32 BC4i- und 64 C4itr-Wagen erprobte man vor der Eröffnung der normalspurigen Müglitztalbahn im Dresdener Nahverkehr und auf anderen längeren Strecken erfolgreich.

Die in geschweißter Stahlbauweise ausgeführten Wagen hatten wegen der Mittel- und Endeinstiege keinen durchlaufenden äußeren Langträger. Diese wurden in zwei bis drei Winkeleisen aufgelöst und im Bereich der Einstiege nach innen und unten ausgekröpft, so daß sie die Kanten der Trittstufen bildeten. Die Quer- und Hauptquerträger waren von unten mit den beiden inneren Langträgern durch kurze Schweißnähte verbunden, aber mit den äußeren Winkeleisenträgern durch aufgeschweißte Schnallen vereint. Die äußeren Langträger waren zudem durch doppelte Diagonalverstrebungen in den Feldern neben den Hauptquerträgern sowie durch die inneren Langträger sprengwerkartig abgefangen, um die Quersteifigkeit zu verbessern. Mit dieser Konstruktion wurden die gegenseitige Durchbiegung von Quer- und Längsträgern vermieden und Schweißnähte auf ein Mindestmaß redu-

Mitteleinstiegswagen C4itr mit neuer Nummer 248-215 am 25.9.1964 in Altenberg. Foto: Sammlung Bernd Kuhlmann

Unten: Ansicht und Grundriß des Mitteleinstiegswagens BC4i. Gez.: Ulrich Person

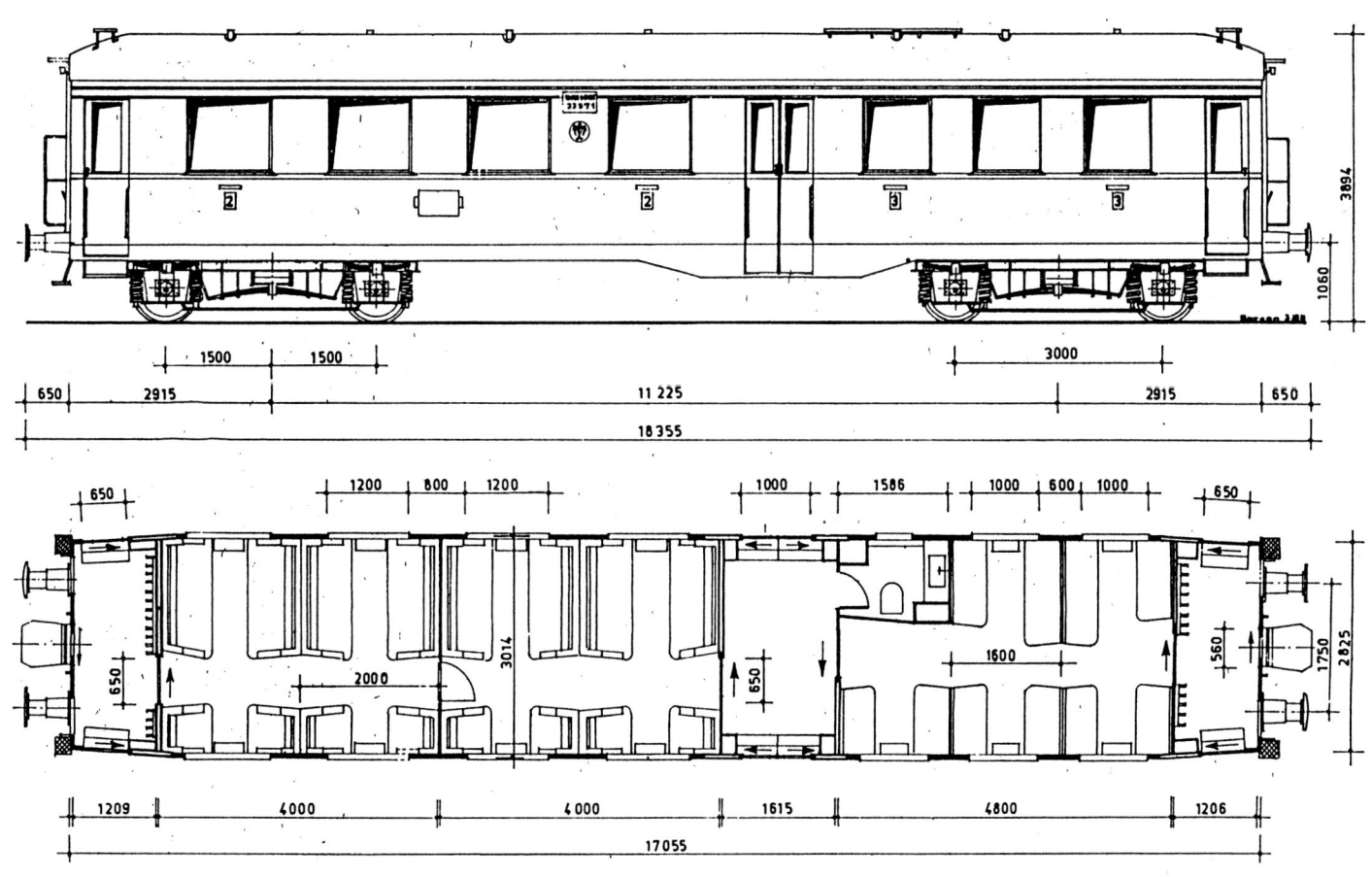

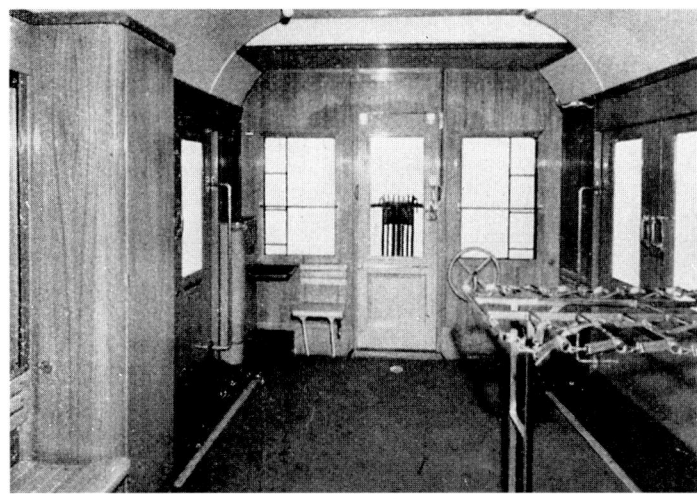

Blick in die Innenräume: Links oben ein Großraum der 3. Klasse, rechts das Traglastenabteil, links ein Großraum der 2. Klasse (Repro aus „Organ für die Fortschritte des Eisenbahnwesens", 1939).

ziert. Damit vermied man weitgehend das übliche Verziehen des Materials und ermöglichte eine wirtschaftliche Fertigung. Es ergab sich eine Fußbodenhöhe von nur 1,20 m über Schienenoberkante; der Einstieg war damit bequemer als bei den bisherigen Reisezugwagen.

Die Seitenwände bestanden aus Seitenwandsäulen und Querträgern, die weitgehend in einer Ebene lagen und mit Stahlblech verkleidet waren, und zwar mit 2 mm dickem Blech unterhalb der Fensterbrüstung, darüber bis zum Dach mit 1,5 mm, die anschließenden Dachwutenbleche mit 3 mm und das übrige Dach mit 1,25 mm. Die am Ende angeordneten einfachen und die doppelten Schiebetüren wurden nicht aus Stahl, sondern aus Leichtmetall gefertigt, um ein leichtes Betätigen zu ermöglichen. Ebenso bestanden die Fensterrahmen aus Leichtmetall. Die folglich auftretende elektrolytische Korrosion verkürzte die Lebensdauer der Wagen beträchtlich.

Als Drehgestelle wählte man die Bauart „Görlitz III leicht" für 90 cm Raddurchmesser. Manche Veröffentlichungen besagen, daß auf die ursprünglich vorgesehenen Leichtachsen mit Hohlwellen verzichtet werden mußte, weil bei der Fertigung die Wandstärken der Hohlwellen und Radkörper nicht exakt eingehalten werden konnten und man damit bei der Erprobung schlechte Erfahrungen machte. Trotzdem verkehrten alle Wagen mit Hohlachsen, wodurch sich die Wagenlast um rund 1 t verminderte. Die Leichtbauradsätze tauschte man in den 50er Jahren gegen normale aus.

Am 19.11.1961 entgleiste bei km 13,7 (zwischen Ober- und Niederschlottwitz) die letzte Achse des hinteren Drehgestells des Wagens 248-210, der als vorletzter im Nahgüterzug N 8189 lief, nach einem Radreifenbruch. Zunächst blieb die Entgleisung unbemerkt, bis dann bei der Einfahrt in den Bf Niederschlottwitz an der Anschlußweiche des VEB Gießerei und Maschinenbau das Drehgestell abriß und die beiden am Zugschluß laufenden unbesetzten Reisezugwagen hochgehoben wurden. Bei der Unfalluntersuchung stellte sich heraus, daß der 248-210 immer noch Hohlachsen besaß, die damals nur noch bei Güterzugpackwagen zugelassen waren. Der Unfall widerlegt die bisherigen Literaturangaben eindeutig.

Die Gestaltung des Fahrgastraums ermöglichte einen zügigen Fahrgastwechsel und ein gutes Sitzplatzangebot. Daher fanden die Mitteleinstiegswagen schon 1954 einen Nachfolger. Damals begann im VEB Waggonbau Bautzen der Bau neuer Mitteleinstiegswagen 3. Klasse der Type E 5 (Stamm-Nr. 250, ab 1967: 29-14), wobei zweifellos die Fahrgastraumaufteilung der „Altenberger Wagen" Pate stand.

Für den doppelten Einsatzzweck der E1-Wagen erachtete man Großabteile mit Mittel- statt Seitengang als zweckmäßig. Die Sitzplatzanordnung lautete in der 2. Klasse 1 + 3 und in der dritten 2 + 3. Der BC4i-Wagen erhielt zwei kleine Endeinstiegsräume, zwei Großräume 2. Klasse mit je zwei Abteilen, die mit einer Flügeltür voneinander getrennt waren (Raucher/Nichtraucher), einen Mitteleinstiegsraum und einen Großraum 3. Klasse mit 2½ Abteilen. Im C4itr-Wagen folgte dem Traglastenabteil ein Großraum 3. Klasse mit 2½ Abteilen, der Mitteleinstiegsraum, ein weiterer Großraum 3. Klasse mit vier Abteilen sowie der kleinere Endeinstiegsraum. Der Traglastenraum sollte auch als Gepäck- oder Postabteil nutzbar sein. Jeder Wagen verfügte nur über eine vom Mitteleinstiegsraum aus zugängliche Toilette.

Die kleinen, 1,21 m langen Endeinstiegsräume erhielten einfache, in Richtung der Abteile zu öffnende Schiebetüren mit 65 cm lichter Türöffnung und boten genügend Staufläche. Wegen des Einbaues von Schiebe- statt der bisher üblichen Drehtüren konnten die beiden Stirnwandfenster neben der Übergangstür recht breit gehalten werden. Für den Übergang von Wagen zu Wagen gab es in den Stirnwänden Schiebetüren, Übergangsbrücken und Scherengitter, aber keine Faltenbälge, weil der Übergang den Reisenden während der Fahrt nicht gestattet war.

Die 1,61 m langen Mitteleinstiegsräume und die 3,61 m langen Traglastenabteile hatten 1 m breite Doppel-Schiebetüren. Auch die Traglastenabteile erhielten breite Stirnwandfenster und je einen Not-Klappsitz darunter. Zwischen dem Geräteschrank neben der Eingangstür und der Schiebetür zum folgenden Großabteil 3. Klasse waren zwei weitere Notsitze als Klappbank vorhanden, die man später befestigte. Im Traglastenabteil gab es an der Seitenwand aufklappbare Halterungen für Schneeschuhe. Feste Halter befanden sich auch an einer inneren Stirnwand des Traglastenabteils und an beiden inneren Stirnwänden der kleinen Endeinstiegsräume (in den BC4i-Wagen für insgesamt

38 Paar Schneeschuhe, im C4itr-Wagen für 60 Paar).

In der 2. Klasse betrug die Abteillänge 2 m. Die Polstersitze erhielten Armlehnen und Kopfbacken, jedoch auf den Dreierbänken nur die Randplätze. Bis zur Fensterhöhe waren die Seitenwände mit dem gleichen braunen Plüsch bespannt wie die Polstersitze. Die Wände über der Fensterbrüstung verkleidete man mit in dunklem Teakholzton gebeiztem Rüsternholz. Dagegen war die Decke mit hellem Ahorn verkleidet. Die an die 2. Klasse angrenzenden kleinen und mittleren Einstiegsräume erhielten an den Wänden dunkles Rüsternholz und an der Decke helles poliertes Ahorn.

Die Abteile der 3. Klasse waren hingegen nur 1,60 m lang und verfügten über einfache Lattenbänke. An den Fensterplätzen gab es jedoch hölzerne Armstützen sowie unter den Fenstern – wie auch in der 2. Klasse – feste Ablagetischchen. Die Seitenwände und Beschlagleisten bestanden aus hellem Eichenholz und die Decke aus poliertem Ahornholz. Das Traglastenabteil und die Einstiegsräume waren ähnlich gestaltet, die Decke jedoch nur hell gestrichen.

In jedem Abteil befanden sich an der Decke zwei einfache Leuchten à 40 W, was sehr trist und spärlich wirkte, besonders in den dunkel gehaltenen Abteilen der 2. Klasse. Die Lüftungsschlitze zwischen beiden Leuchten waren mit den Wendler-Saugern auf dem Dach verbunden und konnten mit an den Seitenwänden angebrachten Griffen reguliert werden. Die herablaßbaren Fenster mit Gewichtsausgleich waren in der 3. Klasse 1,00 m und in der zweiten 1,20 m breit. Sie boten den Reisenden einen guten Ausblick, da die Brüstung statt 90 nur 80 cm hoch war. Oberhalb von ihnen befanden sich die Gepäcknetze, und zwar über den langen Sitzbänken quer und über den kurzen längs zur Seitenwand. Ihre Rahmen bestanden wie auch alle Fensterrahmen, Türgriffe und Beschlagteile aus Leichtmetall. Das Gepäcknetz war wirklich noch ein Netz und daher oft zerrissen.

Die „Altenberger Wagen" setzte man zunächst im Dresdener Nahverkehr und im Müglitztal ein, und zwar jeweils mit gleicher Zugbildung. Die Dreier-Einheit („Halbzug") aus zwei C4itr- und dazwischen einem BC4i-Wagen konnte bei Bedarf um weitere Einheiten verstärkt werden. Allgemein sah man außer Halbzügen nur Stammzüge mit sechs Wagen oder auch Doppelzüge mit zwölf Wagen, die im Müglitztal im Wintersportverkehr mit zwei Maschinen der BR 84 bespannt wurden.

Schon im 2. Weltkrieg verschlug es einige Wagen nach Rumänien und Österreich. Die ÖBB bauten sie später zu Beiwagen für elektrische Triebwagenzüge um (zwei C4itr zu Bw 7059.01 – 02 und den BC4i 33 555 zum Bw 7059.101). Die Wagen wurden am 17.7.1973 ausgemustert. Die ČSD reihte 1956 zwei dieser nun

„Altenberger Wagen" bei der DR

Wagen-Nr. vor 1958	Wagen-Nr. bis 1967	Gattung vor 1958	Gattung bis 1967	Baujahr	Ausmusterung	Verbleib (Stand 1985)
33 551	248-101	BC4i	AB4il	1936	10.12.1967	Bauzug „VI. Parteitag" der Rbd Halle (S)
?	248-102	BC4i	?	?	ca. 1958–62	unbekannt
33 562	248-103	BC4i	AB4il	1937	27.5.1964	Oberbauwerk Neudietendorf
33 554	248-201	BC4i	B4il	1936	30.10.1964	Raw Potsdam
33 553	248-202	BC4i	B4il	1936	12.7.1963	zerlegt am 15.6.1971 im Bf Belzig
33 550	248-203	BC4i	B4il	1936	17.12.1967	Lehrbauzug
33 546	248-204	BC4i	B4il	1936	28.1.1964	verkauft an VEB Braunkohlenwerk Lauchhammer
73 416	248-205	C4itr	B4iltr	1936	26.11.1964	Raw Brandenburg West
73 468	248-206	C4itr	B4iltr	1936	9.5.1962	von Rbd Dresden ausgemustert, Wagenkasten bis Ende 1981 an der Ostseite von Dresden Hbf, genutzt von Wagenausbesserungsstelle
73 470	248-207	C4itr	B4iltr	1936	13.12.1962	verkauft an VEB Braunkohlenwerk Lauchhammer
73 473	248-208	C4itr	B4iltr	1936	3.5.1968	Versuchs- und Entwicklungsstelle der Maschinenwirtschaft in Halle (S)
73 474	248-209	C4itr	B4iltr	1936	24.10.1962	zerlegt am 15.6.1971 im Bf Belzig
73 476	248-210	C4itr	B4iltr	1936	3.7.1965	verkauft an VEB Kohlenanlage Eisleben
73 481	248-211	C4itr	B4iltr	1937	6.4.1966	Bww Leipzig, Unterrichtsraum am Ende des Bahnsteigs 26 von Leipzig Hbf
73 482	248-212	C4itr	B4iltr	1937	2.1.1967	zerlegt in einer Außenstelle des Raw Brandenburg West
73 483	248-213	C4itr	B4iltr	1937	10.2.1965	Raw Brandenburg West
73 485	248-214	C4itr	B4iltr	1937	10.3.1965	Raw Brandenburg West
73 486	248-215	C4itr	B4iltr	1937	10.3.1965	Raw Brandenburg West
73 488	248-216	C4itr	B4iltr	1937	27.5.1964	verkauft an Pumpspeicherwerk Hohenwarthe
73 490	248-217	C4itr	B4iltr	1937	29.11.1962	Versuchs- und Entwicklungsstelle der Maschinenwirtschaft Halle (S), zuletzt im Bw Halle P abgestellt
73 493	248-218	C4itr	B4iltr	1937	24.10.1962	Raw Brandenburg West
73 495	248-219	C4itr	B4iltr	1937	14.7.1966	verkauft an VEB Braunkohlenwerk Lauchhammer
73 496	248-220	C4itr	B4iltr	1937	24.10.1962	verkauft an VEB Braunkohlenwerk Lauchhammer
73 500	248-221	C4itr	B4iltr	1937	ca. 1958–62	unbekannt
73 499	248-222	C4itr	B4iltr	1937	10.3.1965	verkauft an VEB Braunkohlenwerk Brieske Ost
73 498	248-223	C4itr	B4iltr	1937	17.12.1967	Bauzug „VI. Parteitag" der Rbd Halle (S)
73 526	248-224	C4itr	B4iltr	1937	24.10.1962	zerlegt am 17.6.1969 im Bf Belzig
73 525	248-225	C4itr	B4iltr	1937	13.12.1962	Versuchs- und Entwicklungsstelle der Maschinenwirtschaft in Halle (S), zuletzt im Bw Halle (S) P abgestellt
73 524	248-226	C4itr	B4iltr	1937	28.1.1964	verkauft an VEB Braunkohlenwerk Lauchhammer
73 508	248-227	C4itr	B4iltr	1937	10.6.1968	verkauft an VEB Obst und Gemüse Weimar
73 507	248-228	C4itr	B4iltr	1937	6.2.1967	zerlegt im Bf Belzig
73 515	248-229	C4itr	B4iltr	1937	29.11.1962	verkauft an VEB Braunkohlenwerk Einheit II Bitterfeld
73 497	248-230	C4itr	B4iltr	1937	24.10.1962	zerlegt im Dez. 1974 im Raw Delitzsch
33 563	248-231	BC4i	B4il	1937	20.11.1968	zerlegt im Bf Belzig, letzter von der DR ausgemusterter Wagen dieser Bauart
33 571	248-232	BC4i	B4il	1937	3.2.1967	Bauzug „VI. Parteitag" der Rbd Halle (S), 1970 an Starkstrommeisterei Leipzig (Unterhaltungsstelle West), zeitweise in Leipzig MThBf oder in anderen Bahnhöfen im Raum Leipzig abgestellt
33 570	248-233	BC4i	B4il	1937	7.3.1967	Bauzug „VI. Parteitag" der Rbd Halle (S), 1970 an Starkstrommeisterei Leipzig (Unterhaltungsstelle West), zeitweise in Leipzig MThBf oder in anderen Bahnhöfen im Raum Leipzig abgestellt
33 560	248-234	BC4i	B4il	1937	30.10.1964	Raw Potsdam, zuletzt Unterrichtswagen des Polytechnischen Zentrums der Betriebsberufsschule Potsdam der DR im Bw Seddin
33 542	248-235	BC4i	B4il	1936	29.11.1962	zerlegt am 27.12.1962 im Raw Delitzsch
33 556	248-301	BC4i	B4il	1936	24.10.1962	zerlegt am 15.2.1971 im Bf Belzig

Zwei der letzten Wagen der Müglitztalbahn, die 248-225 (Bj. 1937, vorne) und -217, waren am 21.8.1973 im Bw Halle (Saale) P abgestellt.
Foto: Bernd Kuhlmann

Unten: Der aus einem Altenberger Wagen entstandene Triebwagen T 6 der Mindener Kreisbahnen befuhr bis 1973 die Strecke Minden – Uchte (Petershagen, 1971).
Foto: Sammlung Ludger Kenning

rotbraunen Beiwagen im Triebwagenzug Prag – Volary ein, einen weiteren nutzte man in Praha-Vrsovice als Unterrichtsraum.

Der Luftangriff auf Dresden am 13./14.2.1945 traf auch etliche Wagen, von denen einige Totalschaden erlitten. In Altenberg abgestellte Wagen wurden bei den Kämpfen um die Stadt am 7.5.1945 durchschossen, später aber repariert. Nach der Instandsetzung von beschädigten Wagen besaß die DR von ursprünglich 96 „Altenberger Wagen" nur noch etwa 40.

Vier „Altenberger Wagen" verblieben nach Kriegsende im westlichen Teil Deutschlands. Den 73 478 verkaufte die DB 1950 an die Mindener Kreisbahnen, die ihn 1951 in einen Dieseltriebwagen umbauten und bis zur Einstellung des Personenverkehrs auf ihren Strecken nach Hille und Uchte (28.9.1974) als T 6 einsetzten. 1974 kam er zur Noord-Nederlandsche Museumsspoorbaan (Assen/NL) und 1975 weiter zur Veluwschen Stoomtrein Maatschappij (Apeldoorn/NL). Dort wurde er 1977 abgestellt (wegen Zerstörung des Getriebes durch Notbremsung per Rückwärtsgang), noch zeitweise als Lagerraum verwendet und 1980 verschrottet.

Der andere bei der DB verbliebene „Altenberger" (angeblich der 73 525, der auch bei der DR nachgewiesen ist) wurde 1949 zum ES 85 40 (ab 1968: 885 640-3) umgerüstet und am 1.11.1972 ausgemustert. Die DB modernisierte 1952 die letzten beiden Wagen (33 544 und 73 523) und baute geschlossene Übergänge mit Faltenbalg ein.

Wegen des akuten Reisezugwagenmangels bei der DR in den ersten Nachkriegsjahren mußten die für den Dresdner Nahverkehr und die Müglitztalbahn bestimmten Wagen in Schnell- und Eilzügen sowie in Personenzügen auf großen Entfernungen aushelfen. Außer in Personenzügen Dresden – Elsterwerda – Berlin sah man sie im D 105/108 Reichenbach (Vogtl) – Chemnitz – Dresden – Bischofswerda – Görlitz mit Flügelzug D 165/168 Bischofswerda – Zittau. D 105/165/108/168 verkehrte bis etwa 1956 als „Zug der Nationalen Front" mit propagandistischen Losungen und Materialien in den Abteilen. Die Außenwände der Wagen trugen Embleme der Nationalen Front.

Da der Bedarf an 2.-Klasse-Wagen nicht so groß war, baute man einige BC4i- in C4i-Wagen um, ersetzte die Polstersitze durch übliche Lattenbänke und den Plüsch unter der Fensterbrüstung durch Kunstleder. Einige BC4i-Wagen erklärte man zu reinen 3.-Klasse-Wagen, beließ aber die Polstersitze in den Abteilen. Die Holzfurniere in der 3. Klasse wurden überwiegend hell überstrichen. Die Schneeschuhhalter hatte man nach 1945 entfernt, da für sie zunächst keine Notwendigkeit bestand. Als 1954 die noch vorhandenen Wagen auf ihre Stammstrecke zurückkehrten, brachte man die Halter nach und nach wieder an, nicht aber die Klapphalter an den Seitenwänden des Traglastenabteils.

Schwerwiegend waren die inneren, durch die Verbindung von Aluminium und Stahl verursachte Korrosion, wobei große Lackstücke von den Wänden fielen. Laufend mußte man Wagen ausmustern. 1958, als alle Reisezugwagen statt der fünf- nun sechsstellige Nummern erhielten, belegten die „Altenberger Wagen" die Reihe 248-201 bis -235 (für C4itr-Wagen, nun als B4iltr bezeichnet), 248-101 bis -103 (für BC4i-Wagen, nun AB4il) sowie 248-301 (für einen zum B4il umgebauten BC4i-Wagen), während die anderen B4il-Wagen Nummern von 201 bis 235 bekamen). Somit gab es nur noch 39 derartige Fahrzeuge.

Wegen fortschreitender Korrosion setzte man die Höchstgeschwindigkeit auf 80 bzw. gar 75 km/h herab. Vermutlich hatte man schon beim Bau auf einen gründlichen Rostschutz verzichtet. Anfang 1965 gab es noch 16 derartige Wagen, so auch den einzigen BC4i-Wagen (nun AB4il) 248-101. Davon durften fünf nur mit 75, die anderen mit 80 km/h verkehren. Von den vermutlich ab 1958 erst vereinzelt, dann in immer rascherer Folge ausgemusterten „Altenberger Wagen" war Ende 1968 keiner mehr im Dienst. Teils verschrottete oder verkaufte man sie oder übergab sie anderen Dienststellen der DR. 1985 waren noch vorhanden:

– 248-211 als beheizbarer Unterrichtsraum des Bww Leipzig am Ende des Bahnsteigs 26 in Leipzig Hbf
– 248-217 und -225 als mit Blumenkästen verzierte Lagerräume im Bw Halle P
– 248-232 und -233 bei der Starkstrommeisterei Leipzig (Unterhaltungsstelle West) als fahrbare Werkstattwagen (zeitweise in Leipzig MThBf oder anderen Bahnhöfen im Raum Leipzig abgestellt)
– 248-234 beim Polytechnischen Zentrum der Betriebsberufsschule Potsdam der DR als Unterrichtswagen im Bw Seddin

Ein Wagen wurde 1998 in Zlonice in der Tschechischen Republik entdeckt. Der Förderverein für die Müglitztalbahn erwarb ihn und überführte ihn am 19. Mai 2000 nach Görlitz, wo der Wagen auf die Restaurierung wartet.

86 244 rollt mit einem Drei-Wagen-Halbzug von Altenberg kommend zu Tal (etwa 1939). Foto: Carl Bellingrodt (Sammlung Günther Klebes)

Fahrzeugeinsatz in den Kriegs- und Nachkriegsjahren

Zu den Sparmaßnahmen der ersten Kriegsjahre gehörte auch das neue Lokomotivverbot. Die BR 50 sah man statt bis Glashütte nun bis Altenberg fahren und die BR 64, 86 und $91^{3\ 18}$ ließ man auf der Gesamtstrecke zu (bei BR 86 erst ab Nr. 336). Für Züge bis 50 km/h setzte man die BR 93^{5-12} ein, die vor allem für Güterzüge eine zu geringe Bremslast besaß. Man konnte die 86 725, 93 1062, 93 1071, 93 1073 im Müglitztal beobachten. Anschlußgleise durften weiterhin nur von den 84ern und der 98^0 bedient werden.

Im Herbst 1945, als der „planmäßige" Betrieb wieder begann, bekam der Lokbahnhof Altenberg die 86 376 und 93 1065 zugeteilt. Ende 1945 änderte sich die Situation, als sechs Maschinen der BR 84 als SMAD-Reserve verfügt wurden. Das Bw Dresden-Altstadt sollte alle Züge bis Glashütte mit der Baureihe 38^{10-40} bespannen. Der Lokbahnhof Altenberg – damals bereits dem Bw Dresden-Altstadt zugeordnet – mußte seine Maschinen abgeben und erhielt die 74 894 und 1249, um alle Züge bis Glashütte damit zu bespannen. Weil dort zuvor keine 74er zugelassen war, begrenzte man die Höchstgeschwindigkeit auf 50 km/h. Erzählungen zufolge verkehrten zwei Zugpaare (früh und nachmittags), die in Glashütte kreuzten und aufgrund der neuen Bespannungsregelung die Lokomotiven wechselten.

Eine 74er zog fast regelmäßig den P 2809 Altenberg – Heidenau (zurück mit P 2806). Das Bw Dresden-Altstadt beförderte diese Züge auf der Hauptbahn mit den BR 18^0, 19^0 oder auch 39. Statt der zwischen Dresden und Glashütte vorgesehenen BR 38^{10-40} beobachtete man bis 1947 Lokomotiven, die im Müglitztal nicht zugelassen waren, wie die Baureihen 52, 56 (u. a. 111, 119, 121), 75 (u. a. 424, 501, 538, 1074, 1206, 1207, 1212 und ehem. Privatbahnloks wie 75 612) und 94 (u. a. 872, 1346 und 1612, alle nur bis Glashütte). Mitunter sah man auch die 18 003 und 39 113 in Glashütte, auf der Gesamtstrecke vereinzelt eine 84er und die zugelassenen Baureihen:

86 u. a. 86 725, 726 und 727
93 u. a. 93 123
38 u. a. 38 206 und 216
64 u. a. 64 124, 148, 166, 199 und 207
74 u. a. 74 894 und 1249 (für Züge bis 50 km/h)
93 u. a. 93 540 – 542, 569, 611, 687, 699, 906, 921, 923, 924, 942, 950, 958, 967, 1063, 1067, 1071 und 1073

Die „Altenberger Wagen" fehlten auf ihrer Strecke noch immer. Dafür bestanden die Züge u. a. aus zweiachsigen Durch-

Am 24.8.1968 überholte die 86 723 (Bw Pirna) mit dem P 2870 auf dem Weg nach Altenberg die 86 337 mit einem Nahgüterzug nach Glashütte (Aufnahme in Dohna). Foto: Hans-Joachim Simon

Mit ihrem Steifrahmentender voran erreichte eine 50er des Bw Dresden-Friedrichstadt am 24.8.1963 mit dem P 2839 von Glashütte kommend den Bf Dohna. Foto: Hans-Joachim Simon
Unten: 38 1272 im September 1964 mit einer zweiteiligen Doppelstockeinheit in Oberschlottwitz.
Foto: Sammlung Bernd Kuhlmann

gangswagen der Behelfsbauart MCi (Typ P 26 der DR, spätere Stamm-Nr. 349), die 1943–45 aus dem Umbau gedeckter Güterwagen entstanden waren. Später sah man hier zunehmend zweiachsige Abteilwagen der stählernen Einheitsbauart (Typ P 11a der DR, Nr. 43001 – 71999 bis 1958, dann Stamm-Nr. 542, ab 1967: 24-27). Die Behelfswagen waren Ende der 40er Jahre nicht mehr im Einsatz. Die Züge bestanden aus etwa sieben solcher Wagen. Um die Lastgrenze nach Altenberg von 160 t einzuhalten, setzte man in Glashütte von der Zugspitze zwei Wagen nach Gleis 3 ab und stellte sie den talwärts fahrenden Zügen an der Spitze wieder zu, gelegentlich auch am Zugschluß. In den Zügen liefen noch zweiachsige Packwagen der stählernen Einheitsbauart (Typ Pw 14a der DR, Wagen-Nr. 114001 – 117999 bis 1958, dann Stamm-Nr. 742, ab 1967: 93-26). Dem Frühzug nach Altenberg und dem Nachmittagszug zu Tal hängte man werktags unter Verzicht auf einen Personenwagen einen zweiachsigen Postwagen zur Beförderung von Briefen, Paketen und Zeitungen an.

Im Sommer 1947 erhielt der Lokbahnhof Altenberg erstmals nach 1945 wieder zwei 84er. Sie verblieben hier etwa bis Anfang 1949. Fahrzeitgewinne waren mit ihnen unmöglich, da die Gleisanlagen durch die mangelhafte Unterhaltung und durch den Einsatz von nicht oder nur bedingt geeigneten Lokomotiven (z. B. BR 93) und Wagen sehr ramponiert waren.

Man mußte auch mit Ausfällen der wenigen 84er rechnen, so daß die Fahrzeiten der Schlepplastentafel der 93er entsprachen, die ja weiterhin neben einigen 86ern fuhren (z. B. 86 026, 149, zeitweise 243).

Die Zeit der 93^{5-12} im Müglitztal währte nur kurz, denn sie war hier in der Dampflokzeit die umstrittenste Maschine. Sie sollte nur ausnahmsweise vor Zügen bis 50 km/h zum Einsatz kommen, weil sie eine Bogenläufigkeit von 150 m statt der geforderten 140 bzw. 100 m besaß. Die Lok war leistungsstark und hatte entsprechend große Vorräte (4,5 t Kohle, 14 m^3 Wasser), die es ermöglicht hätten, die Strecke Dresden – Altenberg ohne Wasserfassen zu durchfahren. Die wirtschaftliche und wartungsfreundliche Lok war bei den Lokpersonalen beliebt, aber wegen ihrer extrem niedrigen Bremslast im Müglitztal gefürchtet (in Bremsstellung G wurden nur 25% und in Stellung P nur 66% ihrer Last abgebremst) – Gründe genug, sie ab 1948 komplett durch die BR 86 abzulösen. In Altenberg stationierte man zwei 86er (zeitweise die 86 376, 390, 725 bzw. 726). Zusammen mit der immer weniger im Müglitztal eingesetzten BR 84 (die letzten waren 84 002 und 003 im Winter 1950/51) bewältigte man den Zugverkehr.

Ab Winter 1949/50 setzte man fast durchweg die BR 86 ein, die nun alle Anschlüsse mit Schrittgeschwindigkeit bedienen durfte. Mit der im Vergleich zur BR 93^{5-12} (1.000 PSi) etwas stärkeren 86er (1.030 PSi) sanken die Fahrzeiten leicht, doch bei der Braunkohlefeuerung und der unzureichenden Dampfentwicklung blieb es.

„Donnerbüchsen" und die Baureihe 86

dominierten ab etwa 1950 im Müglitztal. Unter „Donnerbüchsen" verstehen die Eisenbahner zweiachsige stählerne Durchgangswagen der Einheitsbauart, die die DRG in großer Stückzahl beschafft hatte und auch nach dem Krieg noch zahlreich vorhanden waren (Typ P 21a der DR, Wagen-Nr. 80000 – 98999 bis 1958, dann Stamm-Nr. 341, ab 1967: 24-13). Unter anderem sprachen zwei Gründe für die Ablösung der alten zweiachsigen Abteilwagen:

– Man beleuchtete diese vielfach noch mit Preßgas, das nicht immer zur Verfügung stand. Bei einem Zughalt im Tunnel, weil z. B. ein Reisender beim Hantieren mit dem Gepäck ungewollt die Notbremse gezogen hatte, konnte nicht immer sofort die Beleuchtung eingeschaltet werden.
– Die Abteilwagen besaßen nach außen zu öffnende Türen. Die Müglitztalbahn hat viele gekrümmte Bahnsteige, so daß es für die Zugbegleiter unzumutbar war, den ordnungsgemäßen Verschluß jeder Tür zu prüfen. Während der Fahrt aufklappende Türen waren aber für die Reisenden eine Gefahr.

Mitte der 60er Jahre sah man in den Personenzügen der Müglitztalbahn neben den Doppelstockwagen auch noch Altenberger Mitteleinstiegswagen. Foto: Detlev Luckmann
Unten: Am 15.9.1963 fuhr der P 2832 in den Bahnhof Geising ein. Im Hintergrund ist das Massiv des Geisingbergs mit der höher liegenden Strecke nach Altenberg erkennbar.
Foto: Bernd Kuhlmann

Die Durchgangswagen besaßen dagegen elektrische Beleuchtung sowie offene Bühnen, die dem Zugbegleiter einen Übergang von Wagen zu Wagen ermöglichten und Fahrkartenkontrolle bzw. -verkauf vereinfachten. Die Zugbildung (sieben Personenwagen je Zug) änderte sich mit den neuen Wagen nicht. Weiterhin wurden in Glashütte zwei von der Zugspitze abgesetzt und talwärts fahrenden Zügen beigestellt oder aber an GmP in Richtung Heidenau oder nach Lauenstein gehängt. Fast alle Züge führten zweiachsige Gepäckwagen der stählernen Einheitsbauart (Typ Pw 14a der DR) mit. Selbst der werktägliche (zweiachsige) Postwagen nach Altenberg wurde beibehalten.

Die 86er bespannte nun alle Züge. Dem Lokbahnhof Altenberg gehörten weiterhin zwei Lokomotiven an, u. a. die 86 390, 725 oder 726. Für die Zugförderung waren vorwiegend die Bw Dresden-Friedrichstadt und Pirna zuständig. Beide setzten ebenfalls 86er ein, z. B. regelmäßig 86 028, 041, 149 (alle ab 1947), 331, 336, 337, 391, 420, 463, 608, 773 (alle ab 1949), 605 (1949–53) und 839 (1949–54), sporadisch kam bis 1952 auch die 86 1000 ins Müglitztal.

Dem Lokbahnhof Altenberg teilte man um 1952 für den Wismut-Verkehr eine dritte 86er zu. Der Verkehrsanstieg zeigt sich auch in der hohen Zahl der Lokomotiven. Ab 1951 fuhren im Müglitztal zusätzlich:

38 u. a. vereinzelt 38 216 (1951–54, Lbf Meißen) und gelegentlich 38 3171, 3341 (1951–54, Lbf Meißen) und 3769 mit Personenzügen bis Glashütte

50 u. a. ab 1951 die 50 1336 (bis 1957), 2308 (bis 1954), 2657 (bis 1957) regelmäßig und die 50 387 gelegentlich

52 u. a. 52 1217 (1951–53, Bw Senftenberg), 1516 (1951), 1896 (1951–53, Bw Cottbus), 2785 (1951–54, Bw Cottbus), 3477 (1951), 4797 (Juli 1951), 7132 (Mai 1953) und 7284 (1953–54)

58 einmalig im Winter 1951/52 die 58 1870 (Bw Döbeln) mit Wintersportzug

86 461, 556, 606 und 623 (zeitw. Lbf Altenberg), die 501, 548, 549, 628, 748 und 868 sowie gelegentlich die 86 205 und 387 (bis 1954).

In Altenberg war 1953 zeitweise die aus Cottbus geliehende 52 1332 neben den beiden 86ern beheimatet, weil es überall an 86ern mangelte. Bei Ausfall einer Altenberger 86er half eine 50er aus.

Die „Altenberger" kehren zurück

Im Sommer 1954 sah man wieder „Altenberger Wagen" auf ihrer Stammstrecke, wenn auch zunächst nur im Wismut-Verkehr, doch nahm ihre Zahl zu. Warum waren sie andernorts entbehrlich? Ab 1954 produzierte der VEB Waggonbau Bautzen einen neuen Mitteleinstiegswagen (Typ E 5 der DR, Stamm-Nr. 250, ab 1967: 29-14), der gestalterisch an die bewährten „Altenberger" anknüpfte. Die Neubauwagen waren vor allem für den Berufs- und Nahverkehr gedacht, aber mit ihrer Höchstgeschwindigkeit von 120 km/h auch für Schnell- und Eilzüge geeignet. Ebenfalls ab 1952 entstanden im VEB Waggonbau Görlitz vier-, ab 1954 dann zweiteilige Doppelstockzüge, denen ab 1957 fünfteilige Doppelstockgliederzüge folgten. Während die Doppelstockzüge vorwiegend für den Berufsverkehr vorgesehen waren, setzte man die Doppelstockgliederzüge im Verkehr zwischen den

86 624 mit einer zweiteiligen Doppelstockeinheit und Gepäckwagen(!) auf der Fahrt nach Dresden (Mühlbach, 1968).   *Foto: Hans-Joachim Simon*

Bezirksstädten und im Fernverkehr ein. Zur Erneuerung des veralteten Wagenparks baute („rekonstruierte") die DR ab 1957 die noch zahlreich vorhandenen zwei- und dreiachsigen Länderbahn-Abteilwagen in moderne Durchgangswagen um. All das entspannte die Lage im Reisezugwagenpark der DR deutlich, so daß man auf den Einsatz der „Altenberger Wagen" im Schnell- und Eilzugdienst verzichten konnte.

Gegenüber den zweiachsigen Einheits-Durchgangswagen boten die „Altenberger" manche Vorteile: Auf jede Türspur entfielen höchstens 14 Plätze (bei den Zweiachsern hingegen 30), das Aus- und Einsteigen lief also rascher ab. Reisenden mit Gepäck fiel das Einsteigen in einen „Altenberger" leichter, da sich neben den Einstiegen große Stauräume befanden. Erfreut waren die Wintersportler über die in den Traglastenabteilen (wieder) angebrachten Halterungen für Schneeschuhe, denn diese mußten zuvor quer über die Gepäcknetze gelegt werden, was die Reisenden belästigte.

Die Züge bestanden fortan bis Glashütte aus fünf oder sechs „Altenberger Wagen". Ein oder zwei wurden dort abgehängt und den talwärts fahrenden Zügen bzw. GmP-Zügen berg- oder talwärts mitgegeben. Hatten die Züge aber einen Pack- oder (wie anfangs) Postwagen, mußte auf der Gesamtstrecke auf einen Personenwagen verzichtet werden. Die bis 1958 noch vorhandenen 39 Wagen der Altenber-

ger Bauart setzte man alle im Müglitztal ein, hauptsächlich im Wintersportverkehr.

Die 86er beförderten weiterhin alle Züge. Zum Sommerfahrplan 1955 unterstellte man den Lokbahnhof Altenberg dem Bw Pirna und bereinigte die Lokgattungen: Pirna erhielt nun alle 86er von Dresden und gab seiner 38er und 91er dorthin ab. Nunmehr wurde fast regelmäßig das sonnabends bis Glashütte verkehrende Zugpaar P 2828/2829 von einer 50er gezogen (u. a. mit 50 769, 1092, 1336 und 2654, gelegentlich auch 50 387, 1594, 1598, 2226, 2349 und 2560). Diese Lokomotiven beförderten auch Wintersportzüge (u. a. 50 1608 des Bw Pirna, 50 2146 des Bw Nossen und 50 2376 des Bw Zittau). Fahrzeitgewinne waren mit ihnen jedoch nicht zu erzielen, da das Leistungsvermögen für die großen Steigungen gering war und erst 1958/59 die abgefahrenen Schienen ausgewechselt wurden.

Fahrzeugeinsatz in den 60er Jahren

Anfang der 60er Jahre plante man, im Müglitztal die 86er durch die neue Baureihe 83^{10} abzulösen, die zu den vom VEB Lokomotivbau „Karl Marx" Babelsberg ab 1954/56 gelieferten Neubaudampflokomotiven gehörte. Doch dazu kam es nicht, weil sie mit ihren maximalen 60 km/h für die Hauptstrecke Dresden – Heidenau zu langsam war (damals sah der Fahrplan noch kein Umsteigen in Heidenau vor).

Daß die 83er etwas schwächer als die 86er war, spielte eine untergeordnete Rolle. Im Müglitztal sah man auch andere Triebfahrzeuge, wie die Baureihen:

- 38 u. a. gelegentlich 38 2451 (1955–60), 1611, 1732, 1742, 1966, 4040 (1958–60), 1272, 3506 (1963–65), vereinzelt 38 1772, 2528, 2664, 3175, 3856 (jeweils 1961), 3171 (1960, Lbf Meißen) und 3550 (1960), jeweils bis Glashütte
- 52 u. a. vereinzelt 52 5232 (Nov. 1963) und 7132 (1957)
- 58 u. a. gelegentlich 58 218, 271, 418 (1958–60), 1206 (Bw Bad Schandau, 1958–60), 1630 (1959–60) und 1925 (1958–60)
- 98 98 015 jeweils im Winter von 1960 bis 1963 zum Vorheizen der Reisezüge in Altenberg

Ausnahmen waren der Einsatz der 65 1053 im Sommer 1961 mit einem Sonderzug nach Dohna sowie der 23 1045 im Spätherbst 1963, die für die schadhafte 86 548 am P 2870 bis Glashütte aushalf. In der Regel bespannte man die Züge mit den Baureihen:

- 50 u. a. 50 158, 317 (1963–65), 387 (1951–68), 694 (1963–65), 769 (1955–57), 906, 1030 (1963–65), 1092 (1955–60), 1333 (1961–68), 1336 (1951–57), 1549 (1951–57), 1594, 1598 (1955–57), 1608 (1955–66, Bw Pirna), 1815 (1961–69), 1909 (1963–65), 2146 (1955–68, Bw Nossen), 2226 (1955–57), 2336 (1963–65), 2349 (1955–62), 2378, 2416 (1961–68), 2560 (1955–57), 2654 (1951–57), 3113 (1963–68), 3137 (1961–67), 3145 (1961–68) und 3647 (1963–65), vereinzelt auch 50 3654, 3684 und 3702 (1962)
- 86 u. a. 86 028 (1947–60), 041 (1949–60), 149 (1947–57), 331 (1951–57), 336 (1949–69), 337 (1949–68), 390 (1949–65), 391 (1949–68), 424 (1951–65), 442 (1963–68), 461 (1951–66, ab 1963 in Altenberg beheimatet), 463 (1949–68), 501 (1951–64), 545 (1955–68), 548, 549 (1951–68, 548 ab 1963 in Altenberg), 555 (1958–69), 556 (1951–64), 560 (1958–68), 561 (1963–65), 563 (1961–65), 606 (1962–69), 608 (1949–69), 621 (1958–69), 623 (1951–68), 725 (bis 1965), 748 (1951–65), 773 (1949–66), 776 (1949–67) und 868 (1951–69)

Als man den Einsatz der 83er im Müglitztal verworfen hatte, sah man 1966 die Baureihe 65^{10} vor. Mit ihr sollte das Bekohlen in Altenberg vermieden werden, denn die 86er konnte nur 4 t, die Baureihe 65^{10} jedoch 9 t Kohle aufnehmen. Damit hätte man den aufwendigen Kohletransport bergauf gespart. Als bei 65ern nach längerem Einsatz auf anderen Bergstrecken Rahmenschäden auftraten, nahm man davon Abstand.

Die Lokbehandlung in Altenberg, die stetig abnehmende Zahl der „Altenberger Wagen" und die erforderliche Erhöhung des Sitzplatzangebots einiger Reisezüge waren zu Problemen geworden. Die Lösung bot sich im Einsatz von ein oder zwei zweiteiligen Doppelstockeinheiten an, evtl. mit Gepäckwagen. Die schweren Reisezüge wurden von der BR 50 befördert, die leichteren von einer 86. Somit tauschte man zum Sommerfahrplan 1966 die in Altenberg beheimatete 86 461 gegen die 50 237 aus, die mit ihren großen Vorräten hier keine Kohle bunkern mußte. Nur die 86er mußte man noch bekohlen (die 86 548 gehörte weiterhin zum Lokbahnhof Altenberg). Mit den wenigen „Altenberger Wagen" verstärkte man bei Bedarf die Doppelstockeinheiten.

Zugförderung mit Diesellok

1967 begann im Müglitztal der Traktionswechsel. Da die Brandschutz- und Wundstreifen von Forstwirtschaft und Bahnmeisterei in dem bergigen, schwer zugänglichen Gelände nur mit großem Aufwand freigehalten werden konnten, war dies für eine Nebenbahn recht früh, doch zog sich die „Verdieselung" über mehrere Jahre hin. Im Sommer bespannte man einige Züge mit Diesellok der Baureihe 110, doch vor Wintersportzügen überwog weiterhin die Dampflok. Bis Winter 1969/70 prägten Dampflokomotiven das Bild, und zwar die Baureihen:
- 38 u. a. 38 332 (Mai 1966), vereinzelt 38 1272 (1968–69) und 2293 (nur im Winter 1966/67 mit P 2880/2813 bis Altenberg mit Sondergenehmigung und im Febr. 1969 bis Glashütte)
- 50 u. a. regelmäßig 50 237 (1966–69, dem Lbf Altenberg zugeteilt), 387, 1307, 2347 und 3113 (bis 1968), gelegentlich 50 1002 (1966–67), 1195 (1967), 1308 (1966–69), 1333 (bis 1968), 1815 (bis 1969), 2146 (bis 1968, Bw Nossen), 2378, 2416, 3145 (bis 1968) und 3668 (1966–68)
- 86 u. a. regelmäßig 86 336 (bis 1969), 337, 391, 442, 463, 545, 548, 549 (bis 1968), 548 (dem Lbf Altenberg zugeteilt), 555 (bis 1969), 560 (bis 1968), 590 (1966–68), 591 (1966–69, bis 1970 gelegentlich), 606, 608 (bis 1969), 624 (1967–69) und 868 (bis 1969), gelegentlich 86 621 (bis 1969), 623 (bis 1968), 725 (1941–65 ständig im Müglitztal, noch 1967–70 hier im Dienst)

Mit Volldampf verließ die 86 560 mit einem Nahgüterzug nach Altenberg im Oktober 1960 den Bahnhof Glashütte. Foto: Hans-Joachim Simon

Der Wagen 57 50 26-26 620-4 war nur wenige Monate lang im Müglitztal zu Gast (1971). Foto: Heinz Lehmann (Sammlung Günther Klebes)

Wie sich der Traktionswandel vollzog, verdeutlicht die folgende Chronik (bei Diesellokomotiven ist hier die 1970–92 gültige Betriebsnummer angegeben, auch wenn sie noch bis Ende 1969 mit alter Nummer liefen bzw. seit 1992 wieder neue Nummern tragen):
- 6.4.1962: Versuchsfahrten der 101 041 mit und ohne Last zwischen Heidenau und Glashütte
- 15.3.1964: 101 046 bringt einen zuvor entgleisten Packwagen von Lauenstein nach Heidenau
- 20.2.1965: Transport von Mannschaftswagen für Schneeräumkolonnen mit 106 221 nach Altenberg
- 2.5.1966: Einsatz eines Tunnelprofilmeßwagens mit BR 101
- 14.–16.10.1966: Wassertransport mit Feuerlöschzug des Bw Riesa für den Lbf Altenberg mit 106 331 und 351
- 17. und 27.12.1966, 14., 19., 20. und 25.1.1967, 20.3.1967: Einsatz einer Schneeschleuder zwischen Lauenstein und Altenberg mit 106 253
- 4.7.1967: 110 025 als erste ihrer Baureihe als Vorspann vor Reisezügen mit BR 86
- 11.12.1967: Ersatz der Rangierlok (BR 86) in Heidenau durch BR 106, damit Überführungszüge nach Dohna und Köttewitz Gbf mit Diesellok, u. a. 106 221 (bis 1978), 253 (bis 1968), 257 (1968–70), 291 (bis 1968 und 1970/71), 317, 331, 351 und 355 (bis 1968)

Am 21.7.1986 stand in Schlottwitz ein von der 106 960 geführter Arbeitszug mit einem Kran des Oberbauwerks Neudietendorf zur Verladung von Schienen im Einsatz. Foto: Heinz Schwarzer
Unten: Mit einem Materialwagen gelangte 1972 die 102 165 in den verschneiten Bahnhof Lauenstein. Foto: Heinz Lehmann (Sammlung Günther Klebes)

- 14. und 16.1.1968: Schneeschleudereinsatz mit 106 291
- 29.–31.1.1968: desgleichen mit 106 344
- 9.3.1968: „Klima"-Schneepflug mit 106 371
- 12./13.3.1968: Schneeschleudereinsatz mit 106 371 und 351
- 25.4.1968: Gleismeßzug mit 110 048 nach Altenberg
- ab Juni 1968: Einige Reisezüge mit BR 110 bespannt, u. a. 110 047 (14.6.1968 – 1970), 069 (bis 1969)
- ab 28.9.1968: weiterer Einsatz der 110er, u. a. 110 042 (bis 1969), 048, 050 (bis 1969), 064 (bis 1971), 068, 073, 074, 080, 081 und 088 (bis 1969)
- ab Dez. 1968: u. a. 110 096 und 102 (bis 1969)

Die ersten hier eingesetzten Diesellokomotiven bedienten vorwiegend Industriebetriebe am unteren Streckenteil. 1968 gab der Lbf Altenberg die 86 548 ab, weil die Personale auf Diesellok umgeschult werden sollten. Die 50 237 war somit die letzte Dampflok des Lokbahnhofs und wich Ende 1969 der 110 081, die dort bis 1971 vorhanden war. Per 1. Januar 1970 kam Altenberg als Personaleinsatzstelle zum neuen Groß-Bw Dresden, das die Bw Dresden-Friedrichstadt, -Altstadt, Pirna und Bad Schandau sowie weitere Einsatzstellen in sich vereinte.

Zwischen April und Juni 1969 setzte man im Müglitztal erstmals ein: 110 114 (ab 22.4. mit Unterbrechungen bis 1982), 104 (2.5. bis 1974), 120 (17.5. bis 1976), 117 (20.5. bis 1972), 115 (17.6. bis 1982) und 130 (25.5. bis 1976), ebenfalls ab 1969 auch die 110 135 (bis 1973), 142 (bis 1979), 143 (bis 1977), 147 (bis 1970) sowie ab 1970 die 110 151 (bis 1976). Die Zahl der eingesetzten Lokomotiven blieb trotz wechselnder Bestände stets konstant.

Die Fahrzeiten änderten sich in den Jahren des gleichzeitigen Dampf- und Dieselbetriebs kaum, jedoch erzielte die BR 110 kürzere. Ab Sommer 1969 entfielen jegliche Fahrzeitzuschläge für die Dieseltraktion, so daß die Diesellokführer ihre Maschinen bis zur Leistungsgrenze ausfahren mußten. Bergauf waren die Personenzüge (evtl. mit Wasserfassen) zwischen 76 und 109 Minuten unterwegs, talwärts dagegen nur 72 – 81. Zum Sommer 1970 war auch die letzte Dampflok vor Regelzügen aus dem Müglitztal verschwunden.

Die zweiteiligen Doppelstockeinheiten verstärkte man nur noch vereinzelt mit „Altenberger Wagen", die bis 1968 alle ausschieden. Man verwendete nun vierachsige „Reko-Wagen" (Gattung Bghw, Stamm-Nr. 260, ab 1967: 28-25 bzw. 28-14), bis dann 1968 ein Wandel im Reisezugwagenpark eintrat. Am 2. September 1968 entgleiste im Bf Geising in Weiche 1 von einer zweiteiligen Doppelstockeinheit des P 2832 die Mittelachse des mittleren Drehgestells, weil ihr Spurkranz scharf gelaufen war. Dies trat bei dreiachsigen Drehgestellen im Müglitztal in den engen und häufigen Gleisradien schon nach kurzer Zeit auf. Man beschloß, Doppelstockzüge nicht mehr planmäßig und ausschließlich hier einzusetzen, sah aber von einem Laufverbot ab. Daher traf man hier noch lange Zeit – vor allem vor Wintersportzügen – vierteilige Doppelstockeinheiten an.

Anschließend liefen planmäßig Bghw-Wagen, die bei gleichem Platzangebot ein ähnliches Sitzplatzgewicht wie die „Altenberger Wagen" hatten. Als ab 1969 auch kombinierte Sitz- und Gepäckwagen gleicher Bauart bereitstanden (BDghwse, Stamm-Nr. 261, heute 82-15), konnte man auf einen separaten Gepäckwagen, den man zuvor auf Kosten eines anderen Reisezugwagens eingereiht hatte, verzichten (da die Züge stets gut besetzt waren und man ein hohes Platzangebot anstrebte, führten nur wenige Züge einen BDghwse mit). Die Züge bestanden bergauf bis Glashütte aus bis zu sechs, weiter bis Altenberg aus vier Wagen.

Nach dem Traktionswechsel

Ab Sommer 1970 bespannte man alle Planzüge mit Diesellok, zumeist mit der BR 110, einige Güterzüge Heidenau – Dohna (– Köttewitz Gbf) auch mit der BR 106. Die meisten Maschinen der BR 110.0-1 löste man 1970–75 im Müglitztal durch die 110.2-9 ab, die kein Stufengetriebe für Schnell- und Langsamgang (Vmax = 100 bzw. 65 km/h) besaß. Mit dem Langsamgang wäre die Leistung auf einen niedrigeren, für Nebenbahnen günstigeren Geschwindigkeitsbereich verteilt worden, so daß die Zugkraft größer gewesen wäre als bei 100 km/h. Dieser Vorteil, den man kaum ausnutzte, war bald unbedeutend, da man das Stufengetriebe bei Reparaturen im Raw ausbaute. Außer den genannten Maschinen setzte man ein:

106 u. a. regelmäßig 106 210 (1975–78), 211 (1970–72), 291 (1970–71), 405 (1974–79), 430 (1976–79), 447 (1968–69) und 918 (1976–79), gelegentlich 247 (1975–79), 375 (1974–77) und 960 (1976–79)

110 u. a. regelmäßig 110 135 (1971–73 Altenberg zugeteilt), 147 (1974–75), 166 (1973–79), 231 (1969–82), 235 (1970–77), 243 (1970–81, 1973–77 Altenberg zugeteilt), 280 (1969–79), 300 (1970–78), 306 (1970–77), 452 (1974–75), 551 (1973–76, ab 1982), 626 (1975–81), 693 (1975–77), 720, 773 (1975–81), 735 (1974–77), 778 (1975–81), 781 (1977–81), 787 (ab 1977 Altenberg zugeteilt), 891 und 895 (1978–81)

Weiterhin verkehrten die Reko-Wagen sowie für den Wintersport zwei- und vierteilige Doppelstockeinheiten. Als 1978 das Raw Halberstadt die ersten beiden Prototypen des Bmhe-Reisezugwagens mit zwei Mitteleinstiegen (Stamm-Nr. 262 bzw. 21-43, „Bauart Halberstadt") ausgeliefert hatte, wurde einer von ihnen im Müglitztal anstelle eines Bghw-Wagens erprobt. Trotz 26,4 m Länge durchfuhr er alle Gleisradien anstandslos. Ungünstig waren die geringen Geschwindigkeiten: Weil der Achsgenerator erst bei höheren Geschwindigkeiten ausreichende Leistung abgibt, mußte die Wagenbeleuchtung überwiegend aus der Batterie gespeist werden, und so fuhr der Wagen oft nur mit spärlicher Zugbeleuchtung. Heute sieht man hier nur noch diese (inzwischen modernisierten) Wagen.

Ab Winter 1971/72 setzte man für die Leipziger Wintersportzüge Diesellokomotiven der BR 118.2-4 ein. Sie waren aber nicht die ersten 118er im Müglitztal, denn schon 1969 war hier gelegentlich die 118 228 gefahren. Anfang Februar 1970 bespannte man Wintersportzüge mit den 118 268, 376, 389 und 395, im August und September 1970 sah man die 118 272 und 314 vor Sonderzügen und am 18. August 1971 brachte die 118 279 einen langen Sonderzug mit Teilnehmern des in Dresden tagenden MOROP-Kongresses nach Altenberg. Es würde zu weit führen, alle hier jemals gefahrenen Maschinen aufzuzählen. Vielmehr sollen nur jene erwähnt werden, die man regelmäßig im Wintersportverkehr sah, u. a.

118 222 und 226 (1980–82), 271 (1978–81), 277 (1977–81), 280 (1973–75), 281 (1973–77), 290 (1978–82, Bw Cottbus), 353 (1980–82), 365 (1980–81), 367 (1980–82), 394 (1980–82), 400 (1972–79), 403 (1973–79), 404 (1974–79) und 405 (1972–79)

Am 27.11.1993 beförderte die Kamenzer 228 793 den ersten Wintersportzug (N 7537) des Winters 1993/94 ins Osterzgebirge.
Foto: Heinz Schwarzer

Lokomotiven der Baureihe 118.2-4, die statt 2 x 1.000 nun mit 2 x 1.200 PS motorisiert waren, erhielten eine um 400 höhere Ordnungsnummer. Z.B. wurde aus der 118 252 die 118 652 (im Febr. 1972, Dez. 1980 und Febr. 1981 eingesetzt im Müglitztal).

Bis 1976 währte der Dampfbetrieb im Müglitztal, jedoch fuhren zuletzt statt der BR 50 nun die 52er, wenn auch nur vereinzelt: u. a. 52 1032, 1079 (1975), 1440, 1568 (1972/73), 2412 (1975–76), 3501 (März 1974), 7189 (März 1971 und 1974–75) und 7438 (Jan. 1972).

Am 20. Dezember 1981 erschien die 2.719 PS starke Baureihe 119 (heute 219) im Müglitztal. An jenem Sonntag beförderte die 119 070 des Bw Dresden einen Wintersportzug nach Altenberg. In den folgenden Winterwochen setzte man weitere 119er ein (u. a. 119 030, 032, 041, 045, 057, 059 und 067). Dagegen ist die BR 112 keine neue Lok, sondern entstand aus der 110er (heute 201) durch Austausch des 1.000-PS- durch einen 1.200-PS-Motor. Als erste 112er fuhr die 112 502, die früher schon als 110 502 hier gewesen war, am 28. Juli 1981 im Müglitztal. Die Sportzüge im Winter 1982/83 beförderte die Baureihe 119, alle anderen Reisezüge bespannte man dagegen weiterhin mit der BR 110 bzw. 112.

Planmäßig kam die auf 1.200 PS verstärkte BR 112 im Mai 1986 (erstmals 112 733 und 718) ins Müglitztal. Mit Gründung der Deutschen Bahn AG (DB AG) wurden schrittweise der heute aufgelöste Geschäftsbereich Traktion und zugleich die Lokstationierung dem Bedarf angepaßt. Da man schließlich im Bh Dresden auf die BR 202 verzichtete, setzte der Bh Kamenz ab 30. Mai 1992 die 1.500 PS starke BR 204 (ehem. 114) im Müglitztal ein, erstmals die 204 698. Doch schon ab 22. Mai 1993 fuhr die (inzwischen wieder im Bh Dresden/Pirna beheimatete) BR 202 nach Altenberg, bis sie am 28. Mai 1995 von der BR 219 (überwiegend Bh Görlitz)

Am 22.12.1996 führte die 219 044 des Bh Görlitz einen Wintersportzug (RE 3433) durch Schlottwitz.
Foto: Heinz Schwarzer

*Vor dem Altenberger Lokschuppen und der Kulisse des Geisingbergs wartete die 202 719 am 1.5.1993 auf den nächsten Einsatz.
Foto: Rainer Heinrich*

verdrängt wurde. Die 219er ist für die Müglitztalbahn nicht nur übermotorisiert, sondern nutzte mit ihren dreiachsigen Drehgestellen die Schienen in den engen Radien übermäßig ab. Ab 23. September 1995 erbrachte die BR 204 wieder alle Zugleistungen im Müglitztal (Wintersportzüge in Doppeltraktion), u. a.:
204 223, 252, 261, 274, 282, 298, 359, 448, 482, 485, 616, 626, 641, 671, 686, 698, 710, 723, 805, 858, 862 und 1998 die 204 638 und 650 (jeweils Bh Dresden/Pirna)

Seit 1998 ist wieder vermehrt die BR 202 des Bh Dresden hier zu sehen, und zwar im Jahr 1997 die 202 063, 268, 307, 352, 374, 405, 498, 500, 528, 534, 615, 672, 744, 786, 806 und 816, im Jahr 1998 auch 202 324, 516 und 550 (Bh Dresden), gelegentlich auch 351 und 391 (jeweils Bh Görlitz), 661, 690, 719, 778, 811 und 844 (jeweils Bh Chemnitz), 407, 535, 646, 781, 818 und 832 (jeweils Bh Leipzig).

Den Güterverkehr nach Köttewitz versah gelegentlich auch die 800 PS starke BR 298 (z. B. 298 305 und 309). Die 298 309 leistete am 4. Februar 1992 dem P 16767/ 776 Vorspann. Nur selten kam die 344er hierher, die 1989/90 zur Kraftstoffeinsparung aus der BR 106 durch Austausch des 650-PS- gegen einen 400-PS-Motor entstanden war. Nach Niederschlottwitz fuhren am 3./10. Februar 1993 die 344 999 und am 11. Februar die 344 996.

Die Reisezüge bestanden zunächst noch aus drei oder vier Reko-Wagen (Bghw und BDghws), die dann schrittweise ausgemustert und durch neue „Halberstädter" (Bmh) ersetzt wurden. Oft sah man auch grün/elfenbein lackierte Bo-und ABo-Wagen (ehem. Schnellzugwagen vom Typ Y der DR) oder die blau/beigen Bn-Wagen (Mitteleinstiegswagen der DB) im Zugverband. Mit dem Einsatz der 26,4 m langen Wagen bestanden die Züge grundsätzlich nur noch aus drei Wagen. Für die Wintersportzüge verwendet man überwiegend Doppelstockeinzelwagen des Dresdener S-Bahn-Verkehrs. Für sie gelten an der „Rolle" in Bärenstein und im Geisinger Tunnel Langsamfahrstellen von 10 km/h.

Als Probestrecke nutzte man die Müglitztalbahn auch nach der Wende. Am 23. September 1991 fanden Meßfahrten zwischen Bärenstein und Lauenstein (km 25,3 – 26,6) statt. Auf der Bogen-Gegenbogen-Konstruktion mit 140 m Radius überprüfte man das Laufverhalten von drei 26,4 m langen Reisezugwagen für die Rumänischen Staatsbahnen (CFR). Dazu gehörten auch ein Meßwagen aus Schlauroth und die 112 658 vom Bh Görlitz.

Triebwagen im Müglitztal

Schon bei der Planung der Normalspurbahn hatte man ermittelt, daß für den Wochentagsverkehr Triebwagen wirtschaftlicher seien als lokbespannte Züge. Leichte dieselmechanische Triebwagen mit Vielfachsteuerung gab es noch nicht, und für die steigungs- und kurvenreiche Müglitztalbahn standen keine passenden Bauarten in Aussicht. Triebwagen kamen hier nur gelegentlich zum Einsatz und erlangten trotz eindeutiger wirtschaftlicher Vorteile zuvor keinerlei Bedeutung.

Die ersten im Müglitztal erprobten Triebwagen waren die speziell auf starke Steigungen ausgelegten Aussichtswagen VT 137 462 und 463, erbaut 1939 von der Waggonfabrik Fuchs in Heidelberg. Im Herbst 1939 absolvierten sie mehrmals einzeln bis Altenberg Versuchsfahrten, wobei sie Steigungen von 33 Promille mit ihren beiden Dieselmotoren à 180 PS noch mit 30 km/h befahren konnten. Mit ihnen wollte man den wachsenden Ausflüglerstrom auf die Schiene verlagern und den Reisegesellschaften, die sonst Busse bevorzugten, eine Alternative bieten. Für den Ausflugsverkehr im Müglitztal eigneten sie sich jedoch nicht, da sie – nur einzeln einsetzbar – jeweils lediglich 60 Sitzplätze hatten.

Nach 1939 verkehrten mitunter Dienstpersonenzüge. Zunächst setzte man dafür zweiachsige dieselmechanische Triebwagen (VT 135 061 ... 132, spätere 186.0 und 186.2 der DR) ein. Neben dem ungenügenden Angebot von nur 40 Sitzplätzen gab es häufig Störungen am mechanischen Getriebe. Die Laufwerksbauart bewährte sich auf kurvenreichen Strecken wie der Müglitztalbahn nicht, und so ersetzte man die Zweiachser durch dieselelektrische vierachsige Wagen (VT 137 164 – 223), die auch gelegentlich in den 50er Jahren als Dienstpersonenzug bis Glashütte gelangten. 1940/41 sah man im Müglitztal auch andere vierachsige Triebwagen, nämlich die VT 137 241 – 270 (hydraulisch) und 136 – 148 (mechanisch). Nicht bekannt ist, ob sie bis Altenberg kamen.

Nach dem Luftangriff auf Leipzig im Herbst 1944 schleppte man die aus Treibstoffmangel abgestellten Triebwagen des TBw Dresden-Pieschen mit Dampflok nach Altenberg und stellte sie auf der Reisezug-Abstellanlage ab, und zwar:

Im Dezember 1998 befuhr die Triebwageneinheit 628 597 / 928 597 des Bh Leipzig Hbf probeweise die Müglitztalbahn (Altenberg, 10.12.1998). Foto: Wolfgang Nitzsche

- zwei zweiteilige Schnelltriebwagen (Bauart „Hamburg", Baureihe SVT 137 149-152, 224-232)
- zwei dreiteilige Schnelltriebwagen (Bauart „Leipzig" (SVT 137 153 und 157)
- drei oder vier dreiteilige Triebwagen (Bauart „Ruhr", Baureihe VT 137 283-287)

Auch von der Triebwagen-Einsatzstelle Pirna, die gerade zum TBw ausgebaut wurde, stellte man einige vierachsige dieselelektrische Triebwagen der Baureihe VT 137 164 – 223 mit Steuerwagen der Baureihe VS 145 096 – 150, 214 und 215 hier ab. Die Pirnaer Triebwagen kehrten im März 1945 nach Pirna zurück und wurden dort beim Luftangriff am 14. April 1945 zerstört. 1946 zog man schrittweise die in Altenberg abgestellten, teils beschädigten Triebwagen ab und brachte sie ins Raw Dessau. Der SVT 137 153 gelangte als Reparation in die UdSSR.

Nachdem man die Hochwasserschäden vom Juli 1957 behoben hatte, ließen die neuen Bahndämme zunächst nur leichte Fahrzeuge und geringe Geschwindigkeiten zu. Etwa fünf Wochen lang zog die V 36 105 des Bw Flöha (mit 14 t Achslast) alle Züge zwischen Heidenau und Glashütte; Reisezüge bestanden damals aus Triebwagenanhängern. Ferner fuhr zwischen Dresden und Glashütte der VT 137 283 (ein dreiteiliger Dieseltriebwagen der Bauart „Ruhr") vom TBw Dresden-Pieschen – die einzigen öffentlichen Triebwagenfahrten im Müglitztal.

1963 nutzte man die Müglitztalbahn wieder für Versuchsfahrten, als man die neuen Schienenbusse VT 2.09.003-007 (später DR 171.0 bzw. DB AG 771) und die VB 2.07.501-570 testete. Die Schwierigkeiten begannen nach der Ausfahrt aus dem Geisinger Tunnel. Bei 33,3 Promille Steigung und 140 m Gleisradius kam der dieselmechanische Wagen kaum von der Stelle und die Treibachse drehte ständig durch. Nach mehrfachem Sanden und vielen Anläufen erreichte man doch noch Geising. Auf der Weiterfahrt nach Altenberg mit max. 36,3 Promille Steigung fiel das Getriebe aus und der Zug mußte abgeschleppt werden. Nicht mehr feststellbar ist, ob nur die Leistungsfähigkeit dieser Triebwagen ermittelt werden sollte oder ob man konkret an einen planmäßigen Einsatz im Müglitztal dachte.

In jüngerer Zeit erprobte man hier wiederum Triebwagen. Nach einer leeren Testfahrt des 628 591 / 928 591 vom 1. Oktober 1998 befuhr am 7. Dezember 1998 der 628 597 / 928 597 des Bh Leipzig als RB-Zug die Müglitztalbahn. Wegen Lokmangel setzte man für planmäßige Züge die BR 771 in allen Kombinationen ein: 2 x VT am 24.11.1998 (771 040 und 049), VT + VS am 4.3.1999 (771 048 und 971 648) sowie VT + VS + VT am 23.3.1999 (771 049, 971 649 und 771 040). Heute bestimmen Neubautriebwaren (BR 642.0/5) das Bild auf der Müglitztalbahn.

Technische Daten des zweiteiligen Dieseltriebzuges der BR 642 der DB AG

Achsfolge	B'(2)B'
Raddurchmesser (neu/abgenutzt)	770 / 710 mm
Drehzapfenabstand	16.000 mm
Achsstand	1.900 mm (Trieb-) bzw. 2.650 mm (Laufdrehgestell)
Wagenkastenlänge	20.350 mm
Länge über Mittelpufferkupplung	41.700 mm
Wagenkastenbreite	2.830 mm
Höhe über Schienenoberkante	3.819 mm
Fußbodenhöhe ü. Schienenoberk.	575 mm (Niederflurbereich/Einstieg) bzw. 1.250 mm (Hochflurbereich)
Sitzplätze	12 (1. Klasse) und 111 (2. Klasse; davon 13 Klappsitze)
Stehplätze	90
Traglastenraum	ca. 10 m^2
Heizung / Lüftung	Warmwasser-Konvektionsheizung, ölgefeuertes Zusatzheizgerät, Druckbelüftung, Klimaanlage
Motor	6-Zyl.-Dieselmotor mit Abgasturboaufladung und Ladeluftkühlung; 2 x 275 kW bei 1.900 U/min
Getriebe	5-Gang-Automatikgetriebe mit integriertem Anfahrwandler und Retarder
Leer- / Dienstlast	66 / 87 t
Höchstgeschwindigkeit	120 km/h (bis 5 Promille) bzw. 100 km/h (bei 10 Promille)
Bremsen	hydrodynamischer Retarder, direkt wirkende selbsttätige elektropneumatische Bremse, zusätzlich indirekt wirkende selbsttätige pneumatische Bremse, Magnetschienenbremse in Triebdrehgestellen
Hersteller	Siemens Verkehrstechnik

Der Zugverkehr und die Natur

Trotz Neubau gestreckte Fahrzeiten

kennzeichneten die Anfangsjahre, zumindest ab Winterfahrplan 1940/41. Da nach der offiziellen Eröffnung am 23. Dezember 1938 kein durchgehender Verkehr bestand, fuhren die Reisenden zwischen Niederschlottwitz und Glashütte mit dem Bus. Nach dem Sommerfahrplan 1939 – der erste mit durchgehenden Zügen von Dresden nach Altenberg – verkehrten täglich neun Personenzüge bergauf und acht zurück. Hinzu kamen an Mo–Fr ein Zugpaar Dresden – Glashütte sowie werktags ein Personenzug Altenberg – Dresden. Alle Reisezüge hielten zwischen Dresden Hbf und Heidenau trotz getrennter Gleispaare für den Reise- und Güterverkehr nicht, so daß man aus heutiger Sicht sehr kurze Reisezeiten zwischen Elbflorenz und der Bergstadt erzielte, und zwar je nach Wagenlast und Kreuzungsaufenthalte etwa 72–84 Min. bergauf und 70–83 Min. zurück. Die ursprünglich geplanten Reisezeiten von 71 (bergauf) bzw. 66 Minuten (talwärts) erreichte man nicht.

Die Lokomotiven der Baureihe 84 gehörten zum Bw Dresden-Friedrichstadt. Ihm unterstellt war der Lokbahnhof Altenberg, der eigentlich dem Bw Dresden-Altstadt zugeordnet werden sollte. Der Altenberger Lokschuppen hat zwei Stände, jeweils für eine 84er. Falls keine großen Reparaturen oder ein Kesselauswaschen nötig waren, stationierte man in Altenberg die 84 005 als Planlok für Güterzüge und die 84 008 als unter Dampf stehende Reservelok. Zum Personal des Lokbahnhofs gehörten zehn Lokführer und Heizer, zehn Betriebsarbeiter, zwei bis drei Schlosser, zwei Reinigungskräfte und ein Einsatzleiter, der zugleich Lokleiter, Werkmeister, Personalchef und Verwaltungsangestellter war.

Die 84er (bis auf die 84 004) setzte man vorwiegend im Müglitztal ein. Wie vorgesehen fuhren hier die „Altenberger Wagen", nämlich als Halbzüge aus je drei Wagen. Einige Züge (z. B. P 2803, 2821 und 2871 bergauf, P 2808, 2860 und 2866 talwärts) besaßen auch sechs Wagen, also zwei zu einem Stammzug vereinte Halbzüge. Die Annahme, werktags würden Halbzüge ausreichen, bestätigte sich wie bei den Fahrzeiten nicht.

Zwar verkehrten auch Wintersportzüge, aber weitaus nicht so viel wie geplant. Zum Teil hielten sie noch bis spätestens Winter 1940/41 am Hp Geisingberg-Sprungschanze. Trotz Kriegsbeginn fuhren noch im Winter 1939/40 und evtl. auch 1940/41 einige durchgehende Wintersportzüge Berlin – Altenberg mit Lokwechsel in Dresden. Selbst an Berliner Litfaßsäulen priesen Plakate diese Züge an.

Die geplanten Reisezeiten der Sportzüge Dresden – Altenberg mit 58 (bergauf) bzw. 50 Minuten dürften eingehalten worden sein. Mit der Schlepplastentafel wurden bergauf 61 (hiervon 12 Min. zwischen Dresden und Heidenau) und talwärts 57 Minuten ermittelt. Die Reisezeit solcher Züge könnte durch Zugkreuzungen verlängert worden sein, wie z. B. samstags im Jahr 1939, falls drei Wintersportzüge verkehrten. Diese mußten, sollten sie noch am frühen Nachmittag in Altenberg eintreffen, mit dem talwärtigen P 2838 kreuzen, so daß schon deshalb längere Reisezeiten entstanden wären.

Güterverkehr fiel in allen Bahnhöfen, am öffentlichen Ladegleis in Mühlbach und auf den Anschlußbahnen der freien Strecke an. Generell fuhr man von Heidenau aus Nahgüterzüge, die alle Stationen und deren Anschlußgleise bedienten. Für Anschlußbahnen an freier Strecke verkehrten während der Haltezeiten des Nahgüterzugs im Bedienungsbahnhof jeweils Übergabezüge, denn der Nahgüterzug hielt dort nicht. Industriebetriebe siedelten sich vor allem im unteren Streckenteil an, so daß das Frachtaufkommen in den höheren Lagen abnahm, abgesehen von Kohle-, Baustoff- und Düngemitteltransporten. Die Frachtminderung entsprach damit weitgehend der zwischen Glashütte und Altenberg bestehenden Lastbeschränkung der Züge.

Etwa Ende 1940 begannen die ersten kriegsbedingten Einsparungen. Vom Lokbahnhof Altenberg zog man die Reservelok ab und reduzierte den Personalbestand auf sieben Lokführer und Heizer, sieben Betriebsarbeiter und eine Reinigungskraft.

Die 84 008 hat mit einem aus drei Wagen bestehenden Halbzug (in Zugmitte ein 2.-Klasse-Wagen) den Weesensteiner Tunnel hinter sich gelassen. Hinter dem Fotografen erhebt sich das Schloß (1939).   *Foto: Carl Bellingrodt (Sammlung Werner Stock)*

Reichsbahn-Fahrplan der Linie Dresden—Heidenau—Glashütte—Altenberg.
Gültig ab 24. Dezember 1938.

						W											W				
5.48	8.00	9.35	13.03	14.44	16.17	17.39	19.14	21.33	22.29		Ab Pirna . . . an	6.11	7.46	10.2	12.21	14.37	16.17	17.52	20.20	21.03	23.03
6.01	8.14	10.28	13.09	15.02	16.17	17.41	19.36	21.35	23.14		ab Dresden . . an	6.08	7.40	9.19	11.28	14.08	16.19	17.52	19.47	20.38	22.40
6.18	8.26	10.40	13.21	15.14	16.29	17.53	19.48	21.47	23.26		Heidenau	5.55	7.26	9.06	11.16	13.56	15.58	17.40	19.35	20.24	22.27
6.19	8.32	10.46	13.26	15.20	16.35	17.59	19.58	21.52	23.32		Dohna	5.50	7.21	9.01	11.11	13.51	15.52	17.34	19.30	20.19	22.22
6.24	8.37	10.51	13.31	15 25	16.40	18.03	19.58	21.57	23.36		Köttewitz	5.45	7.16	8.56	11.06	13.46	15.47	17.29	19.25	20.14	22.17
6.27	8.40	10.54	13.34	15.28	16.43	18.06	20.01	22.00	23.39		Weesenstein . . .	5.42	7.13	8.53	11.03	13.43	15.44	17.26	19.22	20.11	22.14
6.32	8.48	11.00	13.40	15.36	16.48	18.11	20.07	22.08	23.44		Burkhardswalde-M.	5.37	7.08	8.49	10.59	13.39	15.39	17.21	19.18	20.06	22.09
6.37	8.52	11.04	13.44	15.40	16.53	18.16	20.11	22.12	23.49		Mühlbach (b. Pirna)	5.32	7.03	8.42	10.51	13.31	15.30	17.16	19.13	19.57	22.02
6.43	8.59	11.11	13.51	15.47	16.59	18.22	20.17	22.18	23.55		Niederschlottwitz . .	5.26	6.57	8.36	10.45	13.25	15.24	17.10	19.07	19.51	21.56
6.54	9.12	11.20	14.02	15.58	17.18	18.34	20.32	22.31	0.06		Oberschlottwitz . .	5.15	6.38	8.25	10.30	13 17	15.13	16.55	18.57	19.41	21.45
7.02	9.20	11.28	14.10	16 06	17.26	18.42	20.40	22.39	0.14		an } Glashütte { ab	5.06	6.29	8.16	10.21	13.09	15.04	16.46	18.48	19.32	21.36
7.10	9.28	11.34	14.18	16.13	17.34		20.48	22.47	0.20		ab } { an		6.21	8.08	10.10	13.04	14.57	16.38		19.22	21 27
7.17	9.35	11.41	14.25	16.20	17.41		20.54	22.53	0.26	W außer Sa	Bärenhecke-Johnsb.		6.14	8.02	10.02	12.57	14.51	16.31	W außer Sa	19.16	21.21
7.22	9.40	11.46	14.30	16.27	17.46		21.00	22.59	0.32		Bärenstein		6.09	7.56	9.56	12.52	14.45	16.26		19.10	21.15
7.30	9.48	11 54	14 39	16.34	17.54		21.07	23.06	0.39		Lauenstein		6.01	7.49	9.49	12 44	14.38	16.15		19.03	21.08
7.34	9.52	11.58	14 43	16.39	17.58		21.12	23.11	0.44		Hartmannmühle . .		5.57	7.45	9.40	12.40	14.30	16.10		18.58	21.00
7.41	9.58	12.04	14.48	16.44	18.04		21.17	23.16	0.49		Geising		5.52	7.40	9.35	12.35	14.25	16.05		18.53	20.55
7.52	10.9	12.14	14.59	16.54	18.14		21.27	23.26	0.59		an Altenberg ab		5.42	7.27	9.25	12 25	14.15	15.55		18.43	20.45

Kraftwagenverkehr ab Glashütte:

nach Dresden: 5.33 W; 6.36; 8.20; 13.25; 17.25; 22.01*

Abfahrten von Dresden (Wiener Pl.) über Dippoldisw.:
6.45; 11.25; 16.05; 19.10; 23.59*.

Ab Dippoldisw. n. Glash.: 6.05 W; 7.24; 12.04; 16.44; 19.49; 0.37.*

* Verkehrt nur Montag, Mittwoch, Sonnabend und Sonntags.

Fahrzeiten der Kraftpost Dresden-Glashütte-Zinnwald:

Ab Dresden: 6.50; 9.35; 14.00; 19.10; 23.50 S.

Glashütte nach Dresden: 8.11; 12.26; 16.26 W; 17.21 S; 19.11; 21.55 S.

Glashütte nach Zinnwald: 8.01; 10.46; 15.11; 20.21; 1.01 nach S.

Zinnw. n. Glash.: 7.30; 11.45; 15.45 W; 16.40 S; 18.30; 21.15 S

Weiterfahrt von Zinnwald nach Teplitz mit Kraftwagen.

Schlimmer wirkte sich das Strecken der Fahrzeiten zum Schonen von Fahrzeugen und Gleisanlagen aus. Die Reisezüge waren ab Sommer 1944 zwischen Dresden und Altenberg etwa 103–111 (statt 72–84 Min. im Sommer 1939), talwärts etwa 84–102 Min. (statt 70–83) unterwegs, obwohl man weiterhin die 84er einsetzte. Den Reiseverkehr reduzierte man stetig. Im Sommer 1944 sah der Fahrplan nur noch drei Personenzugpaare täglich, eines nur werktags auf der Gesamtstrecke und eines werktags zwischen Dresden und Glashütte vor.

Truppenzüge mit Kriegsmaterial rollten ins Osterzgebirge, um den Vormarsch der Sowjets aufzuhalten. In Altenberg abgestellte Triebwagen, die 93 569 und der Lokschuppen wurden bei Luftangriffen am 4., 5. und 7. Mai 1945 von Sprengbomben beschädigt. Die SS wollte in den Weesensteiner Tunnel einen Munitionszug fahren und sprengen, um den Zugverkehr lahmzulegen, doch scheiterte das Vorhaben am überstürzten Abzug der Truppen vor dem Vormarsch der Sowjetarmee. Zu Brücken- und Tunnelsprengungen kam es nicht.

Alles, was fahren kann

setzte man zunächst im Müglitztal ein. Die Orte im Osterzgebirge kamen im Vergleich zu den Zerstörungen und Opfern der Großstädte bei Kriegsende noch glimpflich davon. Doch war auch hier das Leben und vor allem die Wirtschaft wieder in Gang zu bringen.

In Lauenstein stand ein mit etwa acht Panzern beladener Wehrmachtszug, der am 6. Mai 1945 von 84 006 und 93 855 befördert worden war. Nach der Kapitulation Deutschlands ordneten die Sowjets an, Kriegsgerät in Altenberg zu sammeln, auch diese Panzer. Am 14. Mai 1945 sollten zwei oder drei Lokomotiven den schweren Zug dorthin bringen. Beim Ankuppeln fuhren sie zu stark an den Zug, so daß er zu Tal rollte. In Bärenstein leitete man die immer schneller werdenden Wagen auf einen Gleisabschluß. Hier ging alles zu Bruch: Panzer und Güterwagen türmten sich übereinander und blockierten die Strecke und teils auch die Müglitztalstraße. Der Abschnitt Heidenau – Glashütte war weiterhin befahrbar, doch mußten die Züge von Niederschlottwitz bergauf geschoben werden. In Glashütte waren die DKW 5 und die Weiche 6 im Streckengleis nach Bärenstein noch am 7. Mai 1945 bombardiert worden, so daß ein Umsetzen von Lokomotiven unmöglich war.

Obwohl es zwischen Bärenstein und Altenberg an Wagen, Lokomotiven und vor allem an Kohle mangelte, konnte ein Inselbetrieb eingerichtet werden. Da die in Altenberg vorhandenen Personenwagen knapp waren, mußten die Reisenden mit zweiachsigen gedeckten und offenen Güterwagen vorliebnehmen. Man war zufrieden, wenn überhaupt etwas rollte. Sofern wegen des akuten Brenn- und Treibstoffmangels überhaupt Züge verkehrten, waren sie stets überfüllt.

Zwischen Dresden und Glashütte sah es nicht viel besser aus. Von den 84ern waren bei Kriegsende noch fünf Maschi-

Richtfest beim Wiederaufbau des 1945 abgebrannten Empfangsgebäudes in Altenberg.
Foto: Sammlung Bernd Kuhlmann

165d Dresden–Heidenau–Altenberg (Erzgeb) — Alle Züge 2.3. Klasse

2803	W 2813	2855	W 2871	2885	km	Zug Nr RBD Dresden Zug Nr	W 2802	2808	W 2814	2938	2860
...	5.49	w 7.09	...	13.27	...	17.30	...	21.20	0,0 ab Dresden Hbf Gesamt- an	W 5.47	6.54	w 9.10	14.04	19.21
...	6.01	7.22	13.39	17.44	21.34	11,2 an/ab Heidenau verkehr an/ab	5.35	6.41	8.57	13.51	19.08
...	6.03	7.24	13.40	17.51	21.37	159 e	5.32	6.39	8.55	13.48	19.06
...	6.08	7.29	13.46	17.56	21.42	13,8 Dohna (Sachs)	5.28	6.36	8.51	13.45	19.02
...	6.13	7.34	13.51	18.01	21.48	15,9 Köttewitz	5.24	6.32	8.47	13.38	18.58
...	6.16	7.37	13.54	18.04	21.51	17,0 Weesenstein	5.21	6.29	8.44	13.35	18.55
...	6.24	7.42	13.59	18.09	21.55	19,2 Burkhardswalde-Maxen	5.17	6.25	8.40	13.31	18.51
...	6.28	7.46	14.03	18.13	21.59	21,3 Mühlbach (b Pirna)	5.13	6.20	8.36	13.27	18.47
...	6.34	7.52	14.09	18.19	22.05	24,5 Niederschlottwitz	5.08	6.15	8.31	13.22	18.42
...	6.38	7.56	14.13	18.23	22.10	26,7 Oberschlottwitz	5.04	6.11	8.27	13.18	18.38
...	6.45	w 8.04	14.20	18.31	22.17	30,2 an/ab Glashütte (Sachs) ab/an	4.59	6.05	w 8.22	13.12	18.33
...	6.52	...	14.26	18.37	22.22	30,2	4.56	5.45	...	13.08	18.28
...	6.59	...	14.33	18.44	22.29	33,5 Bärenhecke-Johnsbach	4.51	5.40	...	13.03	18.23
...	7.04	...	14.38	18.49	22.33	36,2 Bärenstein (b Glash Sachs)	...	5.36	...	12.59	18.18
...	7.13	...	14.45	18.56	22.42	39,7 Lauenstein (Sachs)	4.40	5.29	...	12.52	18.12
...	7.18	...	14.50	19.01	22.48	41,5 Hartmannmühle	4.36	5.25	...	12.48	18.04
...	7.26	...	14.58	19.09	22.55	43,9 Geising	4.31	5.20	...	12.43	17.59
...	7.38	...	15.10	w 19.21	23.08	49,2 an Altenberg (Erzgeb) ab	w 4.23	5.12	...	12.35	17.48

Ab 3.7.1944 „bis auf weiteres" gültiger Jahresfahrplan 1944/45 mit gestreckten Fahrzeiten.
Unten: Winterfahrplan ab 4.11.1946

502 3.	2806 3.	8186 3.	2838 3.	428 3.	2870 3.	km	Zug Nr RBD Dresden Zug Nr Klasse	2809 3.	8185 3.	531 3.	2837 3.	2861 3.
6.10	...	10.14	...	16.59	...	0,0 ab Dresden Hbf an	7.07	...	15.32	...	19.43
6.16	...	10.20	...	17.04	...	2,3 Dresden-Strehlen	7.02	...	15.27	...	19.38
6.27	...	10.26	...	17.10	...	4,8 Dresden-Reick Ges-	6.57	...	15.22	...	19.33
6.35	...	10.39	...	17.18	...	8,2 Niedersedlitz Verk	6.50	...	15.15	...	19.25
6.40	...	10.46	...	17.22	...	11,2 an/ab Heidenau 159 f ab/an	6.42	...	15.07	...	19.18
...	6.50	11.08	...	...	18.10	13,8 Dohna (Sachs)	6.25	14.11	...	...	19.14
...	6.56	11.24	...	...	18.16	15,9 Köttewitz	6.21	14.05	...	...	19.10
...	7.01	11.32	...	...	18.22	17,0 Weesenstein	6.16	13.45	...	...	19.04
...	7.04	11.37	...	...	18.25	19,2 Burkhardswalde-Maxen	6.13	13.39	...	...	19.01
...	7.09	11.57	...	...	18.31	21,3 Mühlbach (b Pirna)	6.08	13.33	...	...	18.55
...	7.14	12.06	w außer Sa	...	18.36	24,5 Niederschlottwitz	6.03	13.11	w außer Sa	...	18.47
...	7.21	12.17		...	18.43	26,7 Oberschlottwitz	5.58	13.03		...	18.42
...	7.26	12.25		...	18.48	30,2 an/ab Glashütte (Sachs) ab/an	5.53	12.51		...	18.34
...	7.33	12.34		...	18.55	30,2	5.47	12.42		...	18.27
...	7.48	12.50	17.05	...	19.10	33,5 Bärenhecke-Johnsbach	5.37	12.06	16.20	...	18.14
...	9.55	13.03	17.12	...	19.17	36,2 Bärenstein (b Glash, Sachs)	5.32	11.56	16.15	...	18.09
...	8.01	13.13	17.18	...	19.23	39,7 Lauenstein (Sachs)	5.27	11.49	16.10	...	18.04
...	8.09	13.26	17.26	...	19.31	41,5 Hartmannmühle	5.20	11.36	16.03	...	17.56
...	8.15	13.34	17.32	...	19.37	43,9 Geising	5.15	11.17	15.58	...	17.51
...	8.25	13.52	17.48	...	19.47		5.10	11.06	15.53	...	17.46
...	8.37	14.09	18.01	...	20.00	49,2 an Altenberg (Erzgeb) ab	5.00	10.30	15.43	...	17.36

nen einsatzfähig und von 96 „Altenberger Wagen" gab es noch rund 40, viele beschädigt. Damals galten sie als moderne Wagen des Fernverkehrs. Man setzte sie in Schnell- und Eilzügen ein, da es überall an Fahrzeugen mangelte. Man reiste wieder, auch wenn zerbrochene Fensterscheiben nur provisorisch mit Sperrholz oder Pappe und einem kleinen Guckloch ersetzt worden waren.

Anfang Juli 1945 waren die Trümmer in Bärenstein weggeräumt und die Gleise in Glashütte repariert. Die Strecke war wieder durchgehend befahrbar, schließlich mußten Mühle und Brotfabrik mit Getreide sowie Industrie und Bevölkerung mit Kohle beliefert werden. Betriebe produzierten wieder und brauchten Güterwagen. Die wenigen Personenzüge boten nicht genügend Platz. Man gab Reisegenehmigungen und Zulassungskarten aus, aber das brachte nicht den erhofften Erfolg. In den schlecht geheizten und beleuchteten Zügen drängten sich die Menschen. Man setzte jegliche betriebsfähigen Fahrzeuge ein. Im Herbst 1945 begann wieder ein „planmäßiger" Betrieb.

Der erste veröffentlichte Nachkriegsfahrplan (vom 4.11.1946) sah bereits drei Zugpaare vor – zusätzlich mittags ein GmP-Paar mit langen Rangierzeiten in den Stationen sowie an Mo-Fr ein Zugpaar für den Berufsverkehr zwischen Altenberg und Glashütte. Diese immer noch zu wenigen und völlig überfüllten Züge nutzten Berufspendler ins Elbtal und nach Glashütte oder aber „Hamsterer". Da sich unter das fahrende Volk auch Schieber und Spekulanten mischten, kontrollierte die Polizei im Zug und in den Bahnhöfen.

Steinkohlelieferungen aus den westlichen Besatzungszonen wurden immer geringer und hörten schließlich ganz auf. Die Dampflokomotiven mußte man nun auf Braunkohle umstellen. Wer damals abends mit der Bahn fuhr, kennt noch über dem Zug den langen Funkenregen, der manches Loch in Kleidung und Haut brannte. Die „Schwarzen" mußten nun statt Steinkohle die vierfache Menge Braunkohle verfeuern und sich auf neue Feuerungstechniken umstellen. Die Heizer konnten kaum die Schaufel aus der Hand legen. Außer kräftigem Zupacken waren längere Zwischenhalte erforderlich, um Kohle und Wasser zu fassen. Auf die Tenderwand aufgesetzte Bretter vergrößerten den Vorrat nur wenig. In Glashütte richtete man am „Dienstbahnsteig" neben dem Empfangsgebäude eine behelfsmäßige Bekohlungsanlage ein. Dort kippte das Lokpersonal über ein Gerüst korbweise Braunkohle auf den Tender. Zusammen mit dem Ab- und Zusetzen der Personenwagen ergab sich hier ein einfacher Rangierablauf. Damit konnte man auch das Wassernehmen am Wasserkran auf der Bergseite verbinden.

Erstmals nach dem Krieg gab es im Winter 1949/50 wieder Wintersportzüge. Auf besondere Ansage verkehrte sonntags ein beschleunigtes Personenzugpaar, und zwar früh nach Altenberg und am Spätnachmittag zurück nach Dresden. Trotz Wasser- und Kohlefassen in Glashütte benötigten sie von Heidenau bis Altenberg mit Halten in Bärenstein, Lauenstein, Hartmannmühle und Geising nur 108 Minuten (statt 122–137) und talwärts mit Halt in allen Stationen zwischen Altenberg und Glashütte nur 82 (statt 88–100).

„Aufschwung" mit der Wismut

Der Zugverkehr nahm stetig zu. Zwar nannte der Fahrplan vom Winter 1951/52 nur zwei Züge weniger als jener vom Sommer 1939, doch verkehrten mehr Reisezüge im Müglitztal. Etwa 1950 begann die SAG Wismut in Bärenhecke Uranpechblende zu fördern, und von 1951 bis etwa 1954 bestimmte der Bergbau den Zugverkehr. Nun mußten Bergleute aus dem traditionellen Bergbaugebiet um Altenberg/Zinnwald nach Bärenhecke-Johnsbach und nach Feierabend zurück gebracht werden. Manche kamen aus anderen Gebieten und kehrten nur an Wochenenden heim. Die Schichtarbeiterzüge fuhren vereinzelt ab etwa 1950 und waren in keinem öffentlichen Fahrplan enthalten. 1952 verdichtete man den Wismutverkehr. Nun fuhren:
- P 4300 nS Dresden Hbf (ab ca. 3.30 Uhr) – Altenberg mit Halt in Niedersedlitz, Heidenau und allen Stationen zwischen Niederschlottwitz und Altenberg
- P 4301 Di-Sa Altenberg – Glashütte (an 4.02)
- P 4302 Di-Sa Glashütte (ab 4.18) – Altenberg
- P 4305 Altenberg – Glashütte (an 6.42)
- P 4307 S Glashütte (ab 6.49) aus P 4305 – Dresden Hbf
- P 4311 W Altenberg – Glashütte (an 12.38)
- P 4312 W Glashütte (ab 12.52) – Altenberg
- P 4321 W Altenberg – Glashütte (an 20.12)
- P 4322 W Glashütte (ab 20.26) – Bärenstein
- P 4323 W Bärenstein – Glashütte (an 22.37)
- P 4328 W Glashütte (ab 22.52) – Altenberg

Fügt man diese Züge in den Winterfahrplan 1951/52 ein, wird der starke Zugverkehr im Müglitztal deutlich. Die Wismut-Züge mit Zugnummern ab 4300 paßten sich dem System der um Zwickau, Schlema, Aue und Johanngeorgenstadt verkehrenden Wismut-Züge mit den Reihen 4200, 4400, 4500 und 4600 an. Für die Schichtarbeiterzüge im Müglitztal verwen-

165d Dresden – Altenberg (Erzgeb)

Rbd Dresden km	Zug Nr Klasse	nS 4300 oG 3.	X 4302 oG 3.	2806 3.	2812 3.	410 3.	2816 3.	412 3.	Sa 2820 3.	Sa 4312 oG 3.	2826 3.	2830 3.	2832 3.	Sa 2860 3.	424 3.	2836 3.	2870 3.	X 4328 oG 3.	2880 3.
0,0	Dresden Hbf .... ab	nS 3.14	...	5.29	7.11	7.52	...	9.50	...	...	■12.25	...	13.06	Sa 14.32	16.07	...	■16.34	17.04	22.53	...
2,3	Dresden-Strehlen		...	5.34	7.57	...	9.55	...	...		...	13.11		16.12		16.59	17.09		...
4,8	Dresden-Reick		...	5.39	8.03	...	10.00	...	...		...	13.15		16.18		17.05	17.15		...
8,2	Dresden-Niedersedlitz	3.27	...	5.45	7.23	8.10	...	10.06	...	...	12.40	...	13.23	14.45	16.26	...	17.13	17.23	23.07	...
9,7	Dresden-Zschachwitz..		...										b13.26		c16.30					...
11,2	Heidenau .... an	3.32	3.82	5.50	7.28	8.14	...	10.11	...	...	12.45	...	13.29	14.49	16.33	...	■17.18	17.28	23.12	...
	ab	3.35	4.05	5.55	7.34	...	■8.19	...	Sa 10.17	...	12.47	...	13.31	14.50	...	■16.38	17.30	...	23.13	...
13,8	Dohna (Sachs)	3.42	...	6.02		...	8.25	...	10.23	...	12.55	...	13.37	14.57	...	16.44	17.37	...	23.20	...
15,9	Köttewitz		...	6.10		...	8.31	...	10.29	...	13.03	...	13.44	15.03	...	16.51	17.45	...	23.26	...
17,0	Weesenstein		...	6.15		...	8.35	...	10.33	...	13.07	...	13.47	15.07	...	16.55	17.49	...	23.30	...
19,2	Burkhardswalde-Maxen	3.54	...	6.23		...	8.40	...	10.38	...	13.14	...	13.53	15.12	...	17.00	17.58	...	23.35	...
21,3	Mühlbach (b Pirna)		...	6.29		...	8.45	...	10.43	...	13.19	...	13.58	15.18	...	17.05	18.04	...	23.40	...
24,5	Niederschlottwitz	4.05	4.50	6.38		...	8.53	...	10.51	...	13.28	...	14.05	15.33	...	17.18	18.13	...	23.53	...
26,7	Oberschlottwitz	4.11	5.02	6.44		...	8.59	...	10.57	...	13.34	...	14.11	15.37	...	17.19	18.20	...	23.53	...
30,2	Glashütte (Sachs) ... an	4.20		6.51	8.09	...	9.07	...	11.05	...	■13.44	...	14.19	15.46	...	17.27	18.29	...	0.02	...
	ab	◆	X 4.32	7.06	8.21	...	9.19	...	11.16	Sa 13.18	■13.47	14.31	15.58	...	17.37	18.41	X 22.20	0.16	...
33,5	Dohna-Johnsbach	...	4.42	7.15		...	9.28	...	11.25	13.27	...	13.54	14.39	16.07	...	17.46	18.50	22.29	0.25	...
36,2	Bärenstein (b Glashütte, Sachs)	...	4.53	7.22	8.35	...	9.35	...	11.32	13.34	...	14.01	14.47	16.14	...	17.53	18.57	22.36	0.31	...
39,7	Lauenstein (Sachs)	...	5.03	7.33	8.45	...	9.45	...	11.42	13.43	...	14.11	15.00	16.24	...	18.03	19.07	22.46	0.41	...
41,5	Hartmannmühle	...	5.10	7.40	8.52	...	9.52	...	11.49	13.51	...	14.18	15.07	16.31	...	18.09	19.14	22.53	0.48	...
43,9	Geising	...	5.20	7.52	9.03	...	10.03	...	12.00	14.02	...	14.29	15.18	16.42	...	18.21	19.26	23.04	0.59	...
49,2	Altenberg (Erzgeb) .... an	...	X 5.37	8.09	9.20	...	■10.20	...	12.17	Sa 14.19	...	■14.46	15.34	Sn 16.59	...	■18.38	19.43	X 23.21	1.16	...

Winterfahrplan 1954/55: Die Wismut-Züge sind an den 4300er Nummern erkennbar. Das Zugpaar 2826/2827 wurde mit Lokomotiven der Baureihen 50, 38$^{2-3}$ oder 38$^{10-40}$ bespannt.

dete man anfangs vier oder fünf zweiachsige Personenwagen älterer Bauarten, da es unter den Bergleuten rauh zuging. Die Wagen waren in Altenberg untergebracht.

Auch der Güterverkehr stieg an. Zwei- bis dreimal täglich wurden leere Flachwagen an der öffentlichen Ladestraße in Bärenhecke-Johnsbach zum Beladen bereitgestellt. Mit Übergabezügen von Glashütte aus bediente man Bärenhecke-Johnsbach (wobei die Wagen zurück geschoben wurden). Die dort mit Uranpechblende beladenen Wagen (täglich etwa 12–15) mußte man in Glashütte vor der Weiterfahrt verwiegen. Oftmals war bei der Beladung die Lastgrenze überschritten worden, dann halfen die Eisenbahner mit Schippen beim „Leichtern".

1951–54 verkürzte man die nächtliche Dienstruhe zwischen Glashütte und Altenberg wegen des Wismutverkehrs. Die Schichtarbeiterzüge erschienen 1954/55 unter ihrer 4300er Nummer im Kursbuch, doch waren es schon weniger. Sie konnten nun von jedermann benutzt werden, da der Anteil der Bergleute wegen des versiegenden Abbaues sank. Ab Sommer 1955 gingen die Wismut-Züge in den auf der Müglitztalbahn üblichen Zugnummern auf. Zwei Fahrplantabellen standen fortan im Kursbuch, z. B. wurde:
– P 4300/4302 nS zum P 2800 nS Dresden – Altenberg (später entfallen)
– P 4301/4302 W zum P 2801/2802 W Altenberg – Lauenstein u.z. (später entfallen)
– P 4305/4307 zum P 2813 Altenberg – Heidenau (- Dresden), später P 16754
– P 4325 zum P 2875 bzw. P 2871 S Altenberg – Glashütte bzw. an S bis Dresden (später mit P 16790 vergleichbar)
– P 4328 zum GmP 8198 Glashütte – Altenberg (heute entfallen)

Ein Blick in damalige Kursbücher verdeutlicht nicht nur das höhere Zugangebot, sondern zeigt auch, daß die beschleunigten Personenzüge von etwa 1952 bis 1959 sonntags regelmäßig (zunächst nur Juni – Sept.), ab 1955 während des gesamten Fahrplanabschnitts verkehrten. Bergauf hielten sie zwischen Heidenau und Glashütte nicht und fuhren auch in Bärenhecke-Johnsbach durch. Talwärts bestanden bis 1951 fast die gleichen Halte. Ab Sommer 1952 hielten die Sonntagszüge schließlich in allen Stationen. Die zum Winter 1949/50 eingeführten Wintersportzüge auf besondere Ansage behielt man ebenfalls bei.

Die Reisezeiten der bergauf fahrenden Züge blieben ziemlich konstant (104–121 Min.) und ließen sich mit der 86er auf diesen Steigungen nicht verkürzen. Demnach legte man die Höchstgeschwindigkeit fest: 50 km/h bis Geising und 40 bis Altenberg. Die talwärtigen Fahrzeiten konnten nur von 70–87 Minuten (Winter 1951/52) auf 72–80 (Sommer 1956) gesenkt werden. Die vorübergehende Reduzierung der Radsatzlast von max. 18 auf 16 t im Jahr 1955 wegen abgefahrener Schienen wirkte sich kaum aus: Die 86er hat nur 15 t Last je Achse und die damals noch vorhandenen alten Güterwagen besaßen eine geringe Tragfähigkeit, abgesehen von einzelnen Großraumwagen.

Und wieder Hochwasser!

Schon zweimal (1897 und 1927) hatte Hochwasser das Müglitztal heimgesucht und den Betrieb der Schmalspurbahn gestört. Viele meinten, das Müglitz- und Gottleubatal würde alle 30 Jahre ein verheerendes Hochwasser erleben. Vorschläge für Talsperren und Rückhaltebecken gab es schon vor 100 Jahren, doch blieb es dabei. Auch in den schweren Nachkriegsjahren hatte man dafür kein Geld, und prompt trat 30 Jahre nach der letzten Katastrophe eine neue ein.

Am 22. Juli 1957 gingen nachts am Gebirgskamm oberhalb von Geising und Lauenstein zwischen Zinnwald und Fürstenwalde gewaltige Wolkenbrüche nieder, die die Gottleuba, die Bahra, die Müglitz und das Rote Wasser über die Ufer treten ließen. Besonders betroffen war wieder

Beim Hochwasser von 1957 unterspülte der zum reißenden Fluß gewordene Bach bei Mühlbach (km 10,8) das Gleisbett.
Foto: Sammlung Johannes Tutschke

Nach dem Hochwasser von 1958 zwischen Nieder- und Oberschlottwitz. Foto: Albert Liebscher
Unten: Unterhalb vom Hp Oberschlottwitz „erwischte" es am 5.7.1958 auch den Bagger, der Hochwasserschäden vom Vorjahr behob. Foto: Sammlung Johannes Tutschke

In der Nacht vom 4. auf 5. Juli 1958 gingen wiederum im Gebiet von Kratzhammer / Fürstenwalde / Müglitz schwere Gewitter mit wolkenbruchartigem Dauerregen nieder, der zu tagelang anhaltendem Hochwasser von Gottleuba und Müglitz führte. An den Bahnanlagen zwischen Dohna und Lauenstein entstanden beträchtliche Schäden. Wie schon 1957 riß der Fluß den neuen Bahndamm am km 10,8 (oberhalb von Mühlbach) völlig weg. Besonders schwer betroffen war der Abschnitt zwischen Nieder- und Oberschlottwitz. Obwohl hier die Bahn auf einem kleinen Damm verläuft, hatte die zu einem breiten Strom angewachsene Müglitz die Bahndämme an drei Stellen (km 14,8, 15,0 und 15,3) fort- oder unterspült, so daß Schienen und Schwellen in der Luft hingen. Um für den Dammbau Material zu gewinnen, sprengte man vom „Roten Felsen" (km 15,0) Gestein ab und behob damit zugleich die Gefahr durch herabfallende Steine. Da die Massen noch nicht ausreichten, dirigierte man kurzentschlossen einen mit Steinen für den Bau des Seehafens Rostock bestimmten Zug dorthin.

Waren diese Unwetter nach rund 30 Jahren wiederkehrendes Schicksal oder Zufall? Die waldarmen Kämme des Osterzgebirges mit ihren Wiesenflächen können bei Regen nur wenig Wasser speichern. An eine Aufforstung war zu DDR-Zeiten wegen der zunehmenden Luftverschmutzung durch schwefelhaltige Abgase großer Industriebetriebe der DDR und CSSR nicht zu denken, und so starben auch die letzten Wälder auf den Bergkämmen ab. Aber nur die moosigen Humusschichten des Waldes können Wasser wie ein Schwamm aufsaugen. Schließlich baute man Rückhaltebecken und eine Talsperre, um vor allem das Gottleubatal vor Hochwasser zu schützen. Für das Müglitztal war in Lauenstein eine Talsperre mit 18 Mio. m³ Stauraum vorgesehen. Auch mit diesen Bauarbeiten begann man zu DDR-Zeiten.

das Gottleubatal. Im Müglitztal mußte der Zugverkehr zwischen Burkhardswalde-Maxen und Altenberg eingestellt werden, da Gleise und teilweise Brücken unterspült waren. Am km 10,2, oberhalb vom Hp Mühlbach, hatte die hier neben der Bahn rauschende Müglitz den Damm auf über 100 m Länge fortgerissen. Die Flutwelle bedrohte den Bf Bärenstein und riß das bergseitige Einfahrsignal fort, das noch heute unter Steinen im Flußbett ruht. Wie schon 1927 verhängte man eine Einreisesperre in den Kreis Pirna, um die Hilfsarbeiten nicht zu gefährden. Menschenleben waren nicht zu beklagen. Das Hochwasser stiftete eine solche Verwirrung, daß das Aufräumen nur schleppend begann. Vier Tage später erging an die Bevölkerung ein Aufruf zur Hilfe, um Straßen und Bahnanlagen von Schutt und Schlamm zu befreien. Am 29. Juli 1957 nahm man den Zugbetrieb wieder auf.

Auch nach dem Hochwasser von 1958 begannen sogleich die Reparaturarbeiten, wie hier beim Aufschütten des weggespülten Bahndamms zwischen Nieder- und Oberschlottwitz.
Foto: Sammlung Günter Hauschild

Alle 30 Minuten ein Zug!

Der Zugverkehr erreichte bald ein nie gekanntes Ausmaß. Im Winter 1960/61 fuhr an Sonntagen früh und abends halbstündlich ein Zug! Obwohl die Zahl der Reisezüge für den „normalen" Verkehr von 1957 bis 1965 konstant blieb und die Ansprüche der Reisenden recht gut erfüllte, bestand damit eine Zugdichte, wie sie nicht einmal für den Sommer 1939 vorgesehen war. Trotzdem gab es kleine, für die Fahrgäste vorteilhafte Veränderungen. Zwar entfiel ab Sommer 1962 wegen des Werkbusverkehrs vom VEB Zinnerz Altenberg der P 2802, der nun als Nahgüterzug verkehrte. Andererseits wurde aus dem GmP 8186 der P 2860, der Spätzug P 2880 von Dresden fuhr an Sa/So mit Rücksicht auf Theaterbesuche usw. etwas später, aus dem talwärts fahrenden GmP 8193 entstand der P 2835 sowie aus den werktäglichen P 2877/2875 mit Wagendurchlauf und einer Stunde Aufenthalt in Glashütte wurde der tägliche P 2871. Statt P 2875 fuhr nun werktags der GmP 8189.

Ab Winterfahrplan 1965/66 versuchte man, Reisezüge nach/von Altenberg zumeist in Heidenau beginnen/enden zu lassen. Das Umsteigen, das hier in Richtung Dresden wegen der Treppen- und Tunnelbenutzung problematisch ist und mit dem Umbau der Müglitztalbahn eigentlich entfallen sollte, ist leider heute generell üblich und verlockt kaum zur Bahnfahrt ins Osterzgebirge.

Bei den sonntäglichen Ausflugs- und Wintersportzügen änderte sich vieles. Im Sommer 1958 hielt der tägliche beschleunigte Personenzug nach Altenberg auch in Weesenstein – möglicherweise wegen des nahegelegenen Schlosses. Der 1958 aus vier zweiachsigen Windberg- und Gepäckwagen bestehende Zug fuhr letztmals im Sommer 1959 beschleunigt, danach täglich als Regelzug mit Halt an jeder Station. Die Zahl der beschleunigten Personenzüge für den Wintersportverkehr nahm weiter zu und erreichte 1960/61 einen Höhepunkt. Insgesamt gab es sonntags drei Wintersportzugpaare Dresden Hbf – Altenberg. Zusammen mit den Regelzügen ergab sich eine durchschnittliche Zugfolge von 30 Minuten!

Ein Mangel der Wintersportzüge war, daß sie nur auf besondere Ansage verkehrten. Viele Reisende wußten nicht, wie die Eisenbahner die Schneeverhältnisse im Osterzgebirge einschätzten, und zogen einen sicheren Regelzug vor. Um den zahlreichen Anfragen von Reisenden in Dresden Hbf nach Wintersportzügen zu begegnen, gab man in der Presse bekannt, daß jeweils ab Sonnabend in Dresden Hbf auf der Brücke nahe der Prager Straße die Fahne des Deutschen Turn- und Sportbundes gesetzt wird, falls die Züge am Sonntag fahren würden. Dies kam nur für denjenigen zugute, die samstags am Hauptbahnhof vorbeikamen und das Symbol verstanden.

Trotz aller Unwägbarkeiten verblieben sonntags die drei Wintersportzugpaare bis 1963/64. Im folgenden Winter waren es wegen des gestiegenen Autoverkehrs nur noch zwei. Der Winterfahrplan 1965/66 sah zwischen Dresden Hbf und Altenberg lediglich noch ein beschleunigtes Zugpaar vor, dafür ein weiteres (wegen mangelnden Zuspruchs aber einmalig) zwischen Pirna und Altenberg. Die Fahrzeiten sanken nach der Schienenauswechslung von 1958/59, wobei die Oberbauarbeiten nach den Hochwassern bedeutsam waren. Die Fahrzeiten verlängerten sich bis 1963 auch wegen durchrosteter Stahlschwellen, blieben aber dennoch von 1955 bis 1965 weitgehend konstant.

Die Dampflokomotiven nahmen ab Sommer 1957 in Glashütte kein Wasser

Eine 52er mit Steifrahmentender verließ am 24.8.1963 mit einem aus zweiteiliger Doppelstockeinheit und zwei Altenbergern bestehenden Personenzug den Bahnhof Dohna in Richtung Dresden. Foto: Hans-Joachim Simon

165 d Dresden – Altenberg (Erzgeb)

km	Rbd Dresden / Zug Nr / Klasse	X2802 oG 2.	8182 2.	2806 2.	2812 2.	X2820 oG 2.	Sa2828 2.	2832 2.	Sa2860 2.	■1657 1.2.	⊡8186 2.	■2834 oG 2.	■2836 2.	2870 2.	†2872 2.	X8198 ♀ 2.	2880 2.
0,0	Dresden Hbf ⌧ .... ab	...	...	5.35	...	7.49	X10.12 Sa11.44	...	12.50	Sa14.46 ■14.46	...	...	...	■15.57	17.20	†21.17	...	23.15
2,3	Dresden-Strehlen	...	...	5.39	...			...			...	...	...	16.01	17.25		...	
4,8	Dresden-Reick	...	...	5.43	...			...			...	...	...	16.05	17.29		...	
8,2	Dresden-Niedersedl. ⌧	...	...	5.49	...	8.01	10.22 11.54 11.58	...	13.00	14.56 14.55	...	...	...	16.10	17.35	21.27	...	23.26
9,7	Dresden-Zschachwitz .	...	...		...			...			...	...	...				...	
11,2	Heidenau ⌂ .... an/ab	...	...	5.53	...	8.07	10.26 12.02	...	13.04	15.00 ■15.00	...	...	...	16.15	17.40	21.31	...	23.31
13,8	Dohna (Sachs)	...	4.00	5.54	...	8.09	10.27 12.05	...	13.05	15.01	■15.04	...	...	16.16	17.52	21.32	...	23.43
15,9	Köttewitz	...	4.07	6.00	...	8.14	10.33 12.09	...	13.11	15.07	15.09	...	...	16.22	17.58	21.38	...	23.48
17,0	Weesenstein	...	4.15	6.07	...	8.20	10.38 12.14	...	13.17	15.12	15.16	...	...	16.27	18.05	21.43	...	23.54
19,2	Burkhardswalde-Maxen	...	4.22	6.11	...	8.23	10.41 12.17	...	13.20	15.15	15.20	...	...	16.30	18.08	21.46	...	23.57
21,3	Mühlbach (b Pirna)	...	4.29	6.17	...	8.29	10.47 12.23	...	13.26	15.21	15.25	...	...	16.36	18.14	21.58	...	0.01
24,5	Niederschlottwitz	...	4.35	6.22	...	8.33	10.52 12.27	...	13.30	15.25	15.30	...	...	16.40	18.19	22.02	...	0.06
26,7	Oberschlottwitz	...	4.47	6.32	...	8.42	11.00 12.36	...	13.39	15.33	15.38	...	...	16.49	18.28	22.11	...	0.14
		...	4.53	6.37	...	8.46	11.05 12.41	...	13.43	15.38	15.43	...	...	16.53	18.34	22.14	...	0.19
30,2	Glashütte (Sachs) (321 m) an/ab	...	5.04	6.46	...	8.54	11.12 Sa12.49	...	13.51	15.46	⊡15.52	...	...	17.01	18.43	22.22	...	0.26
33,5	Bärenhecke-Johnsbach .	...	...	6.59	...	8.57	11.16	...	†13.54 X14.25	15.50	...	...	■16.33	17.04	18.53	22.24	X22.40	0.27
36,2	Bärenstein (b Glashütte [Sachs])	...	...	7.08	...	9.05	11.24	...	14.02 14.33	15.58	...	...	16.41	17.12	19.01	22.32	22.52	0.36
39,7	Lauenstein (Sachs) (471 m)	...	...	7.17	...	9.14	11.33	...	14.11 14.42	16.07	...	...	16.47	17.20	19.10	22.41	23.02	0.45
41,5	Hartmannmühle	X4.56	...	7.25	...	9.23	11.42	...	14.20 14.51	16.16	...	...	16.56	17.26	19.19	22.50	23.19	0.53
43,9	Geising (590 m)	X5.03	...	7.33	...	9.30	11.49	...	14.27 14.58	16.21	...	...	17.04	17.37	19.26	22.58	23.26	1.00
		X5.13	...	7.44	...	9.41	12.00	...	14.37 15.09	17.14	...	...		17.48	19.37	23.08	23.35	1.10
49,2	Altenberg (Erzgeb) (754 m) an	X5.30	...	8.01	...	9.58	X12.17	...	†14.55 X15.26 Sa16.55		...	...	■17.31	18.05	19.54	†23.25	X23.51	1.27

Sommerfahrplan vom 1961

Mühevoll sind die Altenberger Gleisanlagen von der weißen Pracht befreit worden, jetzt kann die 50er vom Lokschuppen kommend wieder den Dienst antreten.
Unten: Lange Wintersportzüge belegten im März 1965 in Altenberg fast alle Bahnhofsgleise.
Fotos: Sammlung Johannes Tutschke

Eisenbahnwinter im Osterzgebirge

… darüber freuen sich zwar die Wintersportler, doch die Eisenbahner müssen sich rechtzeitig auf manche Tücke einstellen: Schneeschutzzäune aufstellen, Unkraut unter Drahtzugleitungen entfernen, Weichen und Signale nachschmieren, die Lokomotiven mit Schneeräumern ausrüsten, Weichenheizungen überprüfen usw.

Bis in die 60er Jahre hinein standen in Altenberg zwei kleine Schneepflüge aus umgebauten Tendern bereit. Die Pflugschare bergauf und talwärts gerichtet, konnte mit ihnen in beiden Richtungen die Strecke geräumt werden. Heute gibt es leistungsfähigere Techniken, wie Schneeschleudern, Schneeräumzüge oder bessere Schneepflüge. Eine große Hilfe sind die elektrischen Weichenheizungen. 1967, anläßlich der Biathlon-WM (16.–19. Februar), erhielt Altenberg vorübergehend eine solche Einrichtung. Die danach versuchsweise installierten Propan- und Heißluftweichenheizungen waren den rauhen Witterungen nicht gewachsen, so daß man wieder elektrische Weichenheizungen einbaute (ebenso in den anderen Bahnhöfen: 1976 Lauenstein, 1977 Dohna und Glashütte, 1978 Burkhardswalde-Maxen und Niederschlottwitz).

Schlimm wird ein Winter im Osterzgebirge erst dann, wenn es so lange und so stark schneit oder gar noch eisiger Wind weht, daß mit den Räumgeräten die Strecke nicht schnell genug freigelegt werden kann bzw. binnen kurzer Zeit wieder zuweht. Und das kam im Müglitztal vor!

Ein harter Winter, wie man ihn jahrzehntelang nicht mehr gekannt hatte, zog Anfang 1965 ein. Ab 18./19. Februar mußten meterhohe Schneemassen in Altenberg in die Gleise geschaufelt und dann mit der Schneeschleuder freigelegt werden. Hinzu kam ein Sturm, der die Arbeiten rasch zunichte machte. Ab 2. März 1965 schneite und stürmte es in den südlichen Regionen,

mehr, da der Zustand der städtischen Wasserversorgung kaum für Bevölkerung und Betriebe ausreiche. Auf ein Bekohlen konnte hier schon längst verzichtet werden, da wieder Steinkohle aus Importen verfügbar war. Wasser nahm man nun in Bärenstein, ohne die Lok vom Zug zu trennen (das Ausfahrsignal mußte zuvor auf Fahrt gestellt werden). Der präzise Halt am Wasserkran erforderte vom Lokführer viel Gefühl, oft half ihm die Schnellbremse. Anfangs gab es in Bärenstein lange Aufenthaltszeiten, doch verkürzten sie sich auf vier Minuten, als man nur noch so viel Wasser nahm, wie bis Altenberg nötig war. Der Zwischenhalt in Glashütte bei Bergfahrt konnte nur bei wenigen Zügen verkürzt werden, da auf die Schichtwechsel der Betriebe Rücksicht zu nehmen war. Aber welcher Reisende verstand, daß ein Zug nach längerem Halt in Glashütte in Bärenstein nochmals zum Wassernehmen halten mußte?

Winterliches Stimmungsbild mit der 86 548 im März 1965 bei Geisingberg-Sprungschanze.
Foto: Sammlung Johannes Tutschke

gerade zur Zeit der Leipziger Messe. Vor jedem Zug zwischen Geising und Altenberg mußte die Strecke mit dem Schneepflug freigefahren werden. Jeden nachfolgenden Zug bespannte man mit zwei Lokomotiven und ab Geising schob manchmal eine dritte Lok nach, alles schnee- und eisverkrustete Maschinen. Da aber die Hauptstrecken im Raum Dresden ebenfalls stark betroffen und vordringlich zu räumen waren, beorderte man am 3. März den Schneepflug zum Rbf Dresden-Friedrichstadt. Obwohl die Eisenbahner und Helfer alles menschenmögliche, aber ohne technische Hilfsmittel getan hatten, verließ am 3. März um 17.30 Uhr die letzte Lok Altenberg. Da nun zwischen Lauenstein und Altenberg kein Zug mehr fahren konnte, schneite der Abschnitt völlig ein. Ab 7. März schaufelten in Geising und Altenberg je 75 Mitarbeiter und Studenten der Dresdener Hochschule für Verkehrswesen den 70–100 cm hohen Schnee von den Bahnsteigen auf die Gleise. Am nächsten Tag trafen mit einem Sonderzug 280 Studenten der Dresdener Ingenieurschule für Eisenbahnwesen neben weiteren Kräften aus Betrieben ein. Urlauber und Bevölkerung halfen ebenfalls. In der Nacht vom 8. auf 9. März räumte die 50 906 mit einer Schneeschleuder die Strecke und um 18.07 Uhr fuhr ab Altenberg wieder ein Personenzug zu Tal. Noch waren die Gleise für den Güterverkehr Glashütte – Altenberg eingeschneit und unbefahrbar, doch dank der Anschlußbahninhaber konnten bald wieder Güterzüge bis Lauenstein und schließlich bis Altenberg rollen.

Im März 1970 schneite es wieder so stark, daß am 5. März der Abschnitt Altenberg – Glashütte gesperrt werden mußte. Die Schneeräumeinheit ließ sich nicht so schnell herbeiholen und die Räumkräfte konnten den Schneemassen nicht Herr werden. Angehörige der Ingenieurschule für Feinwerktechnik Glashütte, des VEB Uhrenwerke Glashütte, der Freiwilligen Feuerwehren der umliegenden Orte und weitere Helfer aus Betrieben eilten herbei. Schließlich unterstützten ein Klima-Schneepflug und eine Schneeschleuder die Arbeiten. Es war ein imposantes Bild, von Geising aus zu sehen, wie die Schneeschleuder einen großen dichten Schneenebel hinter sich lassend – die Strecke am Geisingberg freilegte. Am Morgen des 9. März fuhren zwischen Glashütte und Lauenstein wieder Züge und nachmittags auch nach Altenberg.

Diese Winter bilden selbst für das Osterzgebirge Ausnahmen. Auch in einem gewöhnlichen Winter sind Räumgeräte nötig. Nicht immer muß es gleich eine Schneeschleuder sein, vielfach genügt ein gelegentliches Räumen mit dem Schneepflug. Sollen auch Bahnhofsgleise vom Schnee befreit werden (wie z. B. in Altenberg), wird der Schneeräumzug eingesetzt, der den Schnee nicht zur Seite schiebt, sondern aufnimmt und in die mitgeführten Wagen fördert.

Blick vom Altenberger Stellwerk auf die schwer arbeitende 86er und die Schneeschleuder bei der Einfahrt in den Bahnhof.
Unten: Zum Freilegen der Bahnhofsgleise ist der Schneeräumzug besser geeignet, weil er die Massen aufnimmt und in die mitgeführten Wagen fördert.   Fotos: Sammlung Johannes Tutschke

Hilfe, der Schlamm kommt!

Dieser Ruf gellte durch Geising am Sonntag, den 9. Oktober 1966, als sich über den Bahnhof und den unteren Teil der Stadt eine Schlammwelle nach der anderen ergoß. Was war geschehen?

Anfang der 50er Jahre wurde die Landstraße Geising – Altenberg verlegt, weil eine aufgesetzte Bruchsteinmauer das Tal des Roten Wassers, das von Altenberg in die Müglitz bei Lauenstein fließt, abriegeln sollte. Oberhalb der Sperrmauer legte der VEB Zinnerz Altenberg eine Spülhalde an. Das von Gestein und Schlamm rot gefärbte Wasser aus den Bergwerksschächten und -stollen spülte den abgesetzten Schlamm höher und höher auf. Wegen Schäden an der unter der Halde verlaufenden Kanalisation des Roten Wassers rutschte der Schlamm nach und vermischte sich mit dem Wasserlauf. Dort, wo das Rote Wasser die von Geising nach Altenberg führende Bahnlinie unterquert, verursachten die Schlamm-, Geröll- und Wassermassen einen Stau, durch den die gesamten Bahnhofsanlagen und tieferen Ortsteile überflutet wurden.

An jenem Sonntag sollte um 9.10 Uhr in Geising der von Altenberg kommende N 8181, der mit fünf leeren offenen, einem gedeckten Güterwagen und dem Packwagen schon auf Gleis 2 eingefahren war, mit dem P 2812 von Lauenstein kreuzen. Als Reisende und Eisenbahner gegen 9.05 Uhr die nahende Schlammwelle bemerkten, lief der Zugführer des N 8181 dem einfahrenden Zug bis zur Brücke entgegen und signalisierte ihm – ebenso wie der Fahrdienstleiter vom Stellwerk aus – zu halten. Der Lokführer gab Notsignale, brachte den aus der 50 237 und zwei zweiteiligen Doppelstockeinheiten bestehenden Zug auf der Brücke zum Stehen und drückte ihn nach Lauenstein zurück. Der Streckenrangierleiter kuppelte die 86 391 vom Güterzug ab (die Wagen waren schon von Geröll und Schlamm eingeschlossen), so daß sie dem Personenzug bis Lauenstein folgen konnte.

Mehrere Wellen aus Schlamm, Geröll, Schutt und Unrat ergossen sich auch an den folgenden Tagen über den Bahnhof und die unteren Teile der Stadt. Erst in der Nacht vom 12. auf 13. Oktober konnte der Einbruchstrichter abgedichtet werden. Die Bahnhofsanlagen standen etwa 50 cm unter Schlamm, Bahnsteige und Gleise waren nicht mehr zu erkennen. Nur die Güterwagen ließen das frühere Gleis 2 erahnen.

Noch am Sonntag fuhr für den P 2812 Lauenstein – Altenberg ein Omnibus, ab Montag regelmäßig. Die Fahrten führten wegen der ebenfalls betroffenen Landstraße von Lauenstein über Löwenhain – Geising – Zinnwald nach Altenberg. Den Hp Hartmannmühle bediente man, von den Anschlüssen zu den Berufszügen P 2813 und 2834 abgesehen, nicht. Für den Wagenladungsverkehr wurden Geising und Altenberg gesperrt und die jeweiligen Güterwagen in Lauenstein entladen.

Am Montag begann das große Aufräumen. Besonders dringlich war es, den Durchlaß am Einlauf des Roten Wassers freizulegen, um die sporadischen kleineren Schlammwellen abfließen zu lassen. Dafür fuhren zwischen Altenberg und Geising vom 10. bis 21. Oktober acht Züge, bestehend aus einem Flachwagen mit Greiferkran und einem O-Wagen zum Abtransport des zähen rötlichen Schlamms und Gerölls. Die Bahnanlagen trug man mit Baggern ab, da Gleise, Drahtzugleitungen, Weichenantriebe und Bahnsteige nicht mehr zu verwenden waren. Anschließend baute man die alten Gleise ab und verlegte das neue Gleis 1. Statt das mechanische Stellwerk instandzusetzen, sollte im Empfangsgebäude ein elektromechanisches Stellwerk installiert werden.

Am Samstag, den 19. November, als nur Gleis 1 fertiggestellt war, begann wieder der durchgehende Zugverkehr mit dem P 2832 nach Altenberg. Da Geising für den Wagenladungsverkehr geschlossen werden sollte, konnte man auf die Nebengleise verzichten. Gleis 2 wurde neu verlegt und am 16. Januar 1967 das elektromechanische Stellwerk in Betrieb genommen.

Am 9.10.1966 um 9 Uhr – unmittelbar nach dem Schlammeinbruch – machte der Bahnhof Geising einen verheerenden Eindruck (oben), doch sogleich begannen die Aufräumarbeiten. Mit Arbeitszügen wurde Schutt und Geröll abgefahren. Fotos: Sammlung Johannes Tutschke

Winterfahrplan 1983/84: Mit dem Einsatz der Baureihe 119 (heute 219) verkürzten sich die Fahrzeiten der Wintersportzüge um rund 15 Minuten.

311 Dresden–Altenberg (Erzgeb) Alle Züge 2.Klasse

km	Rbd Dresden		Zug Nr	68333	16751	16755	13813b	16757	3733		16759		16763	8743	16767	16769	8751	16771
0,0	Dresden Hbf	ab		...	5.28	5.32	...	6.50	7.08	7.33	7.33	...	...	9.55	12.38	...	...	14.43	...
2,3	Dresden-Strehlen (u)			...	5.36	...	7.12	...	...	...	...	9.59	12.42	...	...	14.47	...
4,8	Dresden-Reick			...	5.40	...	7.16	...	...	...	...	10.03	12.46	...	...	14.51	...
6,1	Dresden-Dobritz (u)			...	5.43	...	7.18	...	...	...	...	10.06	12.48	...	...	14.53	...
8,2	Dresden-Niedersedlitz (u)			...	5.47	...	7.21	...	...	...	...	10.10	12.52	...	...	14.57	...
9,7	Dresden-Zschachwitz (u)			...	5.50	...	7.24	...	...	...	...		12.54	...	...	14.59	...
11,2	Heidenau	an ab		...	5.42 5.52	7.05	7.26	7.46	7.46	...	...	10.13	12.56	...	...	15.01	...
11,2	Heidenau	ab		3.57	6.00	7.07	...	7.47	7.47	...	7.47	7.59	10.15	...	12.59	...	...	15.14
13,8	Dohna (Sachs)			4.03	6.05	7.19	...	...	...	7.52	8.04	10.20	...	13.05	...	...	15.19
15,9	Köttewitz (u)				6.10	...	...	...	7.57	8.09	10.25	...	13.10	...	...	15.24
17,0	Weesenstein				6.13	...	...	...	8.00	8.11	10.28	...	13.12	...	...	15.27
19,2	Burkhardswalde-Maxen			4.13	6.18	...	...	...	8.04	8.16	10.32	...	13.17	...	...	15.31
21,5	Mühlbach (b Pirna)			4.18	6.23	...	...	...	8.09	8.21	10.37	...	13.22	...	...	15.37
24,5	Niederschlottwitz			4.25	6.31	...	...	...	8.17	8.29	10.45	...	13.32	...	...	15.48
26,7	Oberschlottwitz			4.31	6.35	...	...	...	8.21	8.33	10.50	...	13.35	...	...	15.52
30,2	Glashütte (Sachs) (321 m)	an ab		4.40	6.42 6.45	...	...	...	8.28 8.29	8.38 8.41	10.57 10.59	...	13.42	...	...	15.59
33,5	Bärenhecke-Johnsbach				6.54	...	...	...	8.37	8.49	11.07	...	13.51	14.15	...	...
36,2	Bärenstein (b Glashütte/Sachs)				6.59	...	...	...	8.42	8.54	11.12	...	14.00	14.24	...	...
39,7	Lauenstein (Sachs) (471 m)				7.07	8.07	...	8.38	8.38	8.50	9.03	11.21	...	14.05	14.29	...	...
41,5	Hartmannmühle (u)				7.12	...	...	...	8.56	9.08	11.26	...	14.13	14.37	...	...
43,9	Geising (590 m)				7.22	8.17	...	8.50	8.50	9.05	9.17	11.35	...	14.18	14.42	...	...
49,2	Altenberg (Erzgeb)	an			7.40	8.29	...	9.01	9.01	9.22	11.53	...	14.27	14.51	...	...
															14.46	15.09	

(Fortsetzung)		Zug Nr	16773	6633	16775	16781		8777	16785	13757	16787	
Dresden Hbf	ab		...	16.08	...	17.38	...	...	22.08	...	22.42	...
Dresden-Strehlen (u)			...	16.12	...	17.42	...	...	22.12	...	22.46	...
Dresden-Reick			...	16.16	...	17.46	...	...	22.16	...	22.50	...
Dresden-Dobritz (u)			...	16.18	...	17.48	...	...	22.18	...	22.53	...
Dresden-Niedersedlitz (u)			...	16.22	...	17.52	...	...	22.22	...	22.56	...
Dresden-Zschachwitz (u)			...	16.24	...	17.54	...	...	22.24	...	22.59	...
Heidenau	an		...	16.26	...	17.56	...	...	22.26	...	23.01	...
Heidenau	ab		...	...	16.30	...	18.02	...	...	22.28	...	23.06
Dohna (Sachs)			...	...	16.35	...	18.07	...	...	22.33	...	23.11
Köttewitz (u)			...	...	16.41	...	18.12	...	...	22.38	...	23.16
Weesenstein			...	...	16.43	...	18.15	...	...	22.41	...	23.19
Burkhardswalde-Maxen			...	...	16.48	...	18.19	...	...	22.45	...	23.24
Mühlbach (b Pirna)			...	...	16.53	...	18.24	...	...	22.50	...	23.28
Niederschlottwitz			...	...	17.01	...	18.31	...	...	22.57	...	23.33
Oberschlottwitz			...	...	17.05	...	18.35	...	...	23.02	...	23.36
Glashütte (Sachs) (321 m)	an ab		...	16.50	17.12 17.13	...	18.42 18.43	...	...	23.08	...	23.42
Bärenhecke-Johnsbach			16.58	...	17.22	...	18.51	...	...	23.16	...	23.47
Bärenstein (b Glashütte/Sachs)			17.03	...	17.27	...	18.56	...	...	23.21	...	23.52
Lauenstein (Sachs) (471 m)			17.12	...	17.34	...	19.05	...	...	23.29	...	23.57
Hartmannmühle (u)			17.17	...	17.50	...	19.10	...	...	23.34	...	0.00
Geising (590 m)			17.26	...	17.58	...	19.19	...	...	23.43	...	0.05
Altenberg (Erzgeb) (754 m)	an		17.43	...	18.15	...	19.36	...	...	24.00	...	0.11

Zeichen-/Fußnoten:
- a nur ①/② bis ⑤/⑥
- b ■ = 13813, ◨ = 13713
- c nur ✝ und nur vom 12. XII. bis 27. II. sowie vom 7. bis 25. II.
- d nur ⑥ und nur vom 8. I. bis 26. II.
- e nur ◨ und nur vom 11. XII. bis 27. II.
- f nur wenn 16757/3733 verkehren
- g nur X, auch am 6., 13., 20. und 27. II.
- →3) nur ■ →
- →4) nur X →
- ✝ nicht am 24. und 31. XII.
- 1) auch am 4. XII.
- 2) nicht am 25., 26. XII. und 1. I.
- 3) nicht am 24., 25., 31. XII. und 1. I.

Traktionswandel

1967 begann im Müglitztal der Traktionswechsel, der sich bis Sommer 1970 hinzog. Neben dem Fahrzeugpark änderte sich auch der Fahrplan – nämlich am 12. April 1966, weil die DDR in jeder zweiten Woche eine Fünftagewoche für fast alle Arbeiter und Angestellte einführte und sich somit die Zeiten des Berufsverkehrs änderten. Wegen Elektrifizierungsarbeiten zwischen Dresden und Schöna war für die Müglitztalbahn am 6. November 1966 schon wieder Fahrplanwechsel: P 2870 und 2880 begannen sonntags in Dresden (sonst fast alle Züge in Heidenau) und der Berufszug P 2835 zwischen Burkhardswalde-Maxen und Heidenau fuhr nun eine halbe Stunde später. Für den Wintersport sah man je nach Wetterlage zwei Zugpaare Dresden – Altenberg mit Halt (bergauf) in Heidenau, Glashütte, Bärenstein, Lauenstein und Geising vor.

Mit Beginn der durchgehenden Fünftagewoche am 28. August 1967 galt im Müglitztal ab Winter 1967/68 ein neues Fahrplangefüge, dessen Grundzüge die politische Wende in der DDR für den Berufsverkehr überdauerten, aber durch die sich ausdehnende Buskonkurrenz an Bedeutung verloren: Der Frühzug P 2809 (später P 16750) bewältigte den Berufsverkehr nach Glashütte, diente aber weiter talwärts jenem nach Niederschlottwitz und in das Obere Elbtal (Pirna, Heidenau, Dresden-Niedersedlitz), und hatte – um beiden Funktionen gerecht zu werden – in Glashütte eine längere Wartezeit. In Gegenrichtung übernahm GmP 8182 (später GmP 68333) den nach Glashütte gerichteten Berufsverkehr. Für die Beschäftigten der Normalschicht in Glashütte fuhren P 2806 (später P 16751) und 2813 (16754). Um die Nachtschichtler heimzubringen sowie die einschichtig Arbeitenden nach Niederschlottwitz und Burkhardswalde-Maxen zu befördern, hatte P 2813 (später P 16754) wiederum in Glashütte Aufenthalt. Ähnlich sah es bei Schichtwechsel um 14 Uhr in Glashütte aus: P 2833 (später P 16767) und 2832 (16764) übernahmen die Beförderung der Arbeiter und hatten daher werktags einen Aufenthalt von rund 30 Minuten. P 2861 (später P 16776) und 2834 (16773) brachten die Normalschichtler schließlich heim, während P 2836 (16775) dem Berufsverkehr aus dem Oberen Elbtal diente. P 2835 (16770) begann schon in Glashütte statt in Burkhardswalde-Maxen, beförderte aber die in Schlottwitz, Burkhardswalde-Maxen und Weesenstein arbeitenden Werktätigen zurück. Für das Zugpaar P 2828/29 (Sa) Heidenau – Glashütte bestand keine Notwendigkeit mehr. Ferner konnte man an Wochenenden teilweise auf lange Halte in Glashütte verzichten.

Für den Wintersport setzte man an Wochenenden ein Zugpaar zwischen Dresden und Altenberg ein. Bergauf nutzte man dafür die Fahrplantrasse des P 2812 mit Halt in allen Stationen, und erst zwischen Heidenau und Altenberg war es ein beschleunigter Personenzug. Außerdem verkehrte nur sonntags ein beschleunigtes Zugpaar Dresden – Altenberg. Die Wintersportzüge sagte man wiederum besonders an.

Im Sommer 1968, als sich die Nummer der Müglitztalbahn im Kursbuch von 165d in 311 änderte, unternahm man erstmals mit P 2809 und 2820 den zaghaften Versuch, die Züge in den Dresdener Vorortverkehr einzubinden, denn dieses Zugpaar verkehrte fortan nach/von Dresden-Neustadt. Im Sommer 1969 nahm die Müglitztalbahn im Kursbuch mit vier Tabellen eine ganze Seite ein – jedoch mit vielen Leerspalten, den künftigen Wintersportverkehr berücksichtigend.

Im Wintersportverkehr änderte sich 1968/69 nichts, so daß sich samstags das Angebot an beschleunigten Zügen weiterhin zurückhielt. Erst ab Winter 1969/70 fuhren entsprechend dem arbeitsfreien Wochenende an Sa/So pro Tag zwei beschleunigte und mit Dampflok bespannte Zugpaare Dresden – Altenberg, allerdings zum Leidwesen der Reisenden noch immer auf besondere Ansage.

Schwankten im Winter 1969/70 die Fahrzeiten bergauf noch zwischen 82 und 109 Minuten, lagen sie im Sommer 1970 mit ausschließlichem Dieselbetrieb nur noch bei 81–87. Die in den folgenden Jahren ansteigenden Reisezeiten führten zu heftiger Kritik: Etwa ab Sommer 1971 galten wieder die zwei Jahre zuvor entfallenen Fahrzeitzuschläge, um die Lokomotiven nicht auf Verschleiß zu fahren und den Dieselverbrauch zu reduzieren. Die nur bergauf um 6–10 Minuten verlängerten Fahrzeiten fielen im Verhältnis zur Gesamtdauer kaum ins Gewicht.

Besorgnis erregte der Oberbau (vor allem zwischen Lauenstein und Altenberg), der 1972–73 die Fahrtdauer enorm ausdehnte. Im Sommer 1973 betrugen bergauf die Reisezeiten 107–113 Minuten, davon 43 allein zwischen Lauenstein und Altenberg. Zum Winter 1972/73 richtete man für drei Züge Lauenstein – Altenberg einen Schienenersatzverkehr ein. Die örtliche Presse diskutierte über die langen Reisezeiten und die Nachteile für den Berufsverkehr. Im Sommer/Herbst 1973

Altenberg am 14.1.1995: Ein Wintersportzug mit der 219 015 aus Dresden ist eingetroffen, jetzt haben es die Sportler eilig.
Foto: Günter Börner

sanierte man zwischen Geising und Altenberg die schlimmsten Abschnitte. Vom 15. bis 25. Juni 1974 war der Abschnitt Glashütte – Altenberg für knapp 3 km Gleiserneuerung gesperrt. Danach sanken die Fahrzeiten Heidenau – Altenberg bergauf von 107–113 (Sommer 1973) auf 94–100 (Winter 1974/75) und 91–99 Minuten (Winter 1981/82).

Die Struktur des Zugverkehrs änderte sich kaum. Eingerichtet wurde zum Winter 1973/74 ein ständiger Schienenersatzverkehr für die abendlichen P 16785 und 16790 an Mo–Fr, um die nächtliche Dienstruhe auszudehnen. Der P 2809, den man früh schon regelmäßig nach Dresden-Neustadt leitete, fuhr ab Sommer 1971 an Mo–Fr nach Arnsdorf. Im Winter 1977/78 richtete man sonntags eine durchgehende Verbindung Arnsdorf – Altenberg ein, die im Müglitztal die Trasse des P 16783 nutzte, aber „Ps 13984" (Personenzug im S-Bahn-Verkehr) hieß. Der zum Sommer 1978 in „P 16783" umbenannte Zug entfiel schon ein Jahr später.

Auch in jüngerer Zeit setzten starke Regenfälle der Müglitztalbahn arg zu, wie z. B. das Unwetter in der Nacht vom 9. auf 10. August 1981 im Raum Altenberg, Kurort Kipsdorf, Kurort Bärenburg und Schellerhau. Zwar war hauptsächlich die Rote Weißeritz zum reißenden Strom geworden, aber der sintflutartige Regen unterspülte auch die Gleise an der Bärensteiner Straße am ehem. Hp Geisingberg-Sprungschanze. Dank zweier Wagen mit Schotter und einer eilig herbeigeholten Gleisstopfmaschine konnte der Schaden am Bahnkörper schnell behoben und der zwischen Lauenstein und Altenberg eingerichtete Schienenersatzverkehr auf den 10. August 1981 beschränkt werden.

Von Anfang Januar bis Anfang März 1972 verkehrte regelmäßig das samstägliche Wintersportzugpaar P 6673/6672 (ab 1973: P 3733/3748) Leipzig Hbf – Altenberg durchgehend mit einer Diesellok der BR 118.2-4. Da die Leipziger Lokführer nicht immer Streckenkenntnis besaßen, stieg in Heidenau ein Lotse zu oder man spannte eine 110er vor. Oftmals ging es bis zum Winter 1973/74 mit zwei vierteiligen Doppelstockeinheiten von Heidenau ohne Halt bis Lauenstein oder Geising zum Wintersport. Obwohl der lange Aufenthalt in Heidenau für das Ankuppeln der Vorspannlok nicht vorgesehen war, trafen die verspätet abgefahrenen Züge stets rechtzeitig oder gar noch vor Plan in Altenberg ein.

Während die Leipziger Wintersportzüge regelmäßig fuhren, blieb es bis Winter 1973/74 bei der besonderen Ansage für die Dresdener Züge. Ab Winter 1974/75 dehnte man wegen des regen Zuspruchs deren Verkehrszeit auf Mitte Dezember bis Anfang März aus, jeweils wieder an Wochenenden. Zum Winter 1976/77 verfiel die Rbd Dresden wieder in den alten Fehler: Ein Zugpaar von dreien für den Wintersport verkehrte „nur bei günstigen Wintersportbedingungen auf besondere Ansage", doch ab Winter 1977/8 stellte man den alten Zustand wieder her. Man tat sogar noch mehr für die Wintersportler: Die sonst nur werktäglichen P 16763 und 16764 fuhren ab Winter 1978/79 in den Winterferien (Februar) auch sonntags, denn inzwischen hatte der Andrang auf der Müglitztalbahn trotz individueller Motorisierung zugenommen.

1976 hätte sich die Zugförderung fast grundlegend gewandelt. Man erwog, die Müglitztalbahn und andere Strecken im Raum Dresden vom Elektrifizierungsbetrieb der CSD mit Fahrleitung ausrüsten zu lassen, und zwar nach Abschluß der Arbeiten zwischen Dresden und Schöna im Mai 1976. Neu war die Idee nicht. Bereits zu Beginn der 60er Jahre plante man einen elektrischen Inselbetrieb im Müglitztal, um die vom VEB Sachsenwerk Dresden-Niedersedlitz entwickelten Fahrmotoren für die späteren Baureihen 211 und 242 zu erproben. Wegen zu hoher Kosten für den Inselbetrieb einer Teststrecke bzw. wegen des größeren wirtschaftlichen Nutzeffektes der Elektrifizierung einer Hauptbahn sah man davon ab.

Vermutungen, daß schon um 1958 und 1968 eine Elektrifizierung geplant war, weil Oberleitungs-Revisionstriebwagen ins Müglitztal kamen, sind falsch. Es waren nur Testfahrten von zweiachsigen (VT 137 701-705, später BR 188.0) bzw. später von vierachsigen Wagen (VT 137 710-715, später BR 188.2). Abwegig sind Elektrifizierungsgedanken keinesfalls. Alle Tunnel haben ein entsprechendes Lichtraumprofil und Brücken und andere Kunstbauten sind für eine Radsatzlast von 21 t und eine Meterlast von 8,0 t/m ausgelegt, wie Elektrolokomotiven sie benötigen. So vorausschauend baute man 1938 trotz höherer Kosten, ohne ernsthaft daran zu denken.

Der Abschnitt Heidenau – Dohna gehört zum S-Bahn-Bereich Dresden, der einmal komplett auf elektrischen Betrieb umgestellt werden soll, und zwar spätestens dann, wenn von Dresden-Neustadt bis Königsbrück elektrisch gefahren wird. Dies würde auch auf der Müglitztalbahn möglich sein, und man könnte die von der BR 84 erzielten Fahrzeiten unterbieten. Doch die wirtschaftlichen und politischen Verhältnisse entwickelten sich ganz anders.

Der Winterfahrplan 1982/83 verdeutlichte die angespannte Situation bei Reisezugwagen: P 16759 und 16764 verkehrten sonntags nur in den Wintermonaten statt wie zuvor von Mitte Dezember bis Ende Februar. P 16750 hatte montags in Glashütte einen längeren Aufenthalt, weil zwei Wagen zugesetzt werden mußten. An Mo–Fr mutete man den Reisenden in Glashütte zu, vom ehemals bis Altenberg durchfahrenden P 16767 in den neuen P 16769 umzusteigen, weil die Zuggarnitur gewechselt wurde. Der Wintersportzug P 16772 verließ aus Wagenumlaufgründen schon um 14.48 Uhr Altenberg – zu einer Zeit, in der sich die meisten Sportler noch auf den Pisten befanden. Dieses unattraktive Angebot hielt bis zum Fahrplan 1983/84 an.

Der Reiseverkehr im Müglitztal hatte eine gewisse Stabilität erreicht, die über Jahre anhielt. Das Aufkommen im Güterverkehr stieg gar an: In Altenberg baute man ab 1985 neue heimatverbundene Häuser, denen man die Plattenbauweise äußerlich nicht ansieht. Die mit der Bahn angelieferten Betonelemente wurden am Bahnsteiggleis 7 entladen. Für die Fernheizung der Wohnungen entstand in Bahnhofsnähe ein Heizwerk, das trotz der von Kraftwerken in der CSSR herüberwehenden schwefelhaltigen Abgase ebenfalls mit Braunkohle beschickt werden sollte und im November 1986 mit zwei Kesseln in Betrieb ging. Die Braunkohle (tgl. zunächst etwa 60 t) rollte ab 1. Juli 1985 auf der Schiene an. Im Fahrplan 1986/87 ver-

*Oben und rechts: Einen imposanten Anblick bot die in der damaligen Sowjetunion konstruierte Schneeräumeinheit, die Anfang der 70er Jahre in Altenberg aushalf.
Fotos: Sammlung Johannes Tutschke*

*Unten: Am 21.1.1995 warteten gleich drei 219er (in drei verschiedenen Farbvarianten) in Altenberg mit ihren Wintersportzügen auf die Rückkehr der Ausflügler.
Foto: Uwe Schmidt*

Zu Ostern 1991 veranstaltete der Verein Sächsischer Eisenbahnfreunde (VSE) mit der 50 3661 einige Sonderfahrten im Raum Dresden (oberhalb von Oberschlottwitz, 29.3.1991).
Foto: Ludger Kenning

kehrten täglich ein viertes Nahgüterzugpaar bis Altenberg, zwei Paare bis Niederschlottwitz und zwei Übergabezugpaare bis Köttewitz.

Am 30. Juli 1987 stellte man bedeutsame Bauwerke der Müglitztalbahn unter Denkmalschutz, z. B. die Empfangsgebäude von Weesenstein, Glashütte und Bärenhecke-Johnsbach und das frühere Bahnmeistereigebäude in Glashütte.

Mit Sonderzügen ins Müglitztal

Im Jahr 1990 feierte man das 100-jährige Bestehen einer Bahn, die es in ihrer ursprünglichen Form längst nicht mehr gibt, denn am 17. November 1890 war die Strecke Mügeln b. Pirna (heute Heidenau) – Geising-Altenberg schmalspurig eröffnet worden. Am 12. Januar 1989 konstituierte sich in Glashütte ein Festkomitee, das vom Rba Dresden geleitet wurde und dem Vertreter der Kreise Dippoldiswalde und Pirna, des Deutschen Modelleisenbahnverbands (DMV) und des Verkehrsmuseums Dresden angehörten. Einig war man sich bald über die erste Julihälfte 1990 als Termin für die Feierlichkeiten, weil danach wegen fehlender Brandschutzstreifen keine Dampfloks mehr die Strecke befahren durften. Das Jubiläum ließ sich gut mit der 950-Jahr-Feier der Stadt Dohna und dem „Tag des Bergmanns" in Altenberg verbinden. In zwei Arbeitsgemeinschaften begannen die Vorbereitungen für Bahnhofsfeste, Lokausstellungen in Heidenau, Bärenstein und Altenberg, für Sonderfahrten mit dem Zwickauer Traditionszug zwischen Dresden Hbf, Heidenau und Altenberg, für eine Modellbahnschau in Heidenau und eine Fotoausstellung in Altenberg. Die Mitglieder von DMV-Arbeitsgemeinschaften waren bereit, Bahnanlagen und Gebäude zu verschönern, wie z. B. das Stationsgebäude von Weesenstein. Obwohl sich die politische Szene in der DDR wandelte, zeichneten sich die Konturen des Jubiläums deutlicher ab, ohne zu wissen, welche Währung im Juli 1990 gelten würde und wie dann die Leistungen abzurechnen seien. Heinz Schwarzer, ein Anwohner der ihm am Herzen gelegenen Bahn, schilderte:

„Alle gaben sich Mühe für diese Feiern. Vielfach brach man die Renovierung erst beim Eintreffen des ersten Sonderzuges ab. Die Mehrzahl aller Gebäude präsentierte sich in einem ansprechenden und gepflegten Zustand. Ein Leckerbissen war der aus neun Maschinen bestehende Lokzug für Bärenstein und Altenberg. Die Dampfloksonderfahrten waren sehr gut vorbereitet und Magnet für alt und jung, für die Leute aus den neuen, besonders aus den alten Bundesländern, die viel zu selten heißes Öl, Abdampf und Kohlengase schnuppern konnten. Es gab viele faszinierende Szenen, nicht nur für die Augen, auch für die Ohren."

Das Jubiläum war eine rundum gelungene und gut organisierte Veranstaltung, an die man sich noch lange Zeit gern erinnerte. Viele Vereine entdeckten die landschaftlich reizvolle Strecke für Sonderfahrten:

- 29.3.1991: Mit 50 3661 und vierteiliger Doppelstockeinheit nach Altenberg (Verein Sächsischer Eisenbahnfreunde, VSE)
- 24./25.4.1991: Mit 112 498 und drei DB-Mitteleinstiegswagen nach Altenberg (Verein Lübecker Verkehrsfreunde, VLV)
- 31.8.1991: Mit T 175 der Eisenbahn und Verkehrsbetriebe Elbe-Weser (EVB) und VB 440 235 nach Glashütte (Buxtehude-Harsefelder Eisenbahn-Freunde, BHEF)
- 31.7.1993: Mit 62 015 von Dresden-Neustadt nach Glashütte (Modelleisenbahnclub Müglitztalbahn, Heidenau)
- 4.–10.7.1994: Stationierung des Sonderzugs des Bürgervereins zur Förderung des Schienenverkehrs (BFS, Lüdenscheid) in Altenberg, mit Exkursionen nach Bad Schandau, Meißen, Lübbenau und Dresden mit 202 063 und 816
- 30.1.1996: Zwei Fahrten des Touristikzuges der DB AG (mit 218 416 und 418, nachgeschoben von 201 875) Dresden – Altenberg zur Rodel-WM
- 24.3., 11./18./19.5.1996: Je eine Fahrt mit vier „Halberstädtern" und der Löbauer 52 8141 nach Altenberg (VSE)

- 7./8.2.1998: Mit 52 8141 (BSW Löbau) Pirna – Altenberg u. a. mit Windberg-Aussichtswagen des Sächs. Museumseisenbahnvereins Windbergbahn
- 13.–16.5.1999: Mit 50 3648 des SEM Chemnitz-Hilbersdorf von Dresden Hbf nach Altenberg zum Jubiläum „60 Jahre durchgehender normalspuriger Zugverkehr im Müglitztal" (Förderverein für die Müglitztalbahn)
- 23.10.1999: Mit 50 3648 des SEM Chemnitz-Hilbersdorf von Dresden Hbf nach Altenberg (Förderverein)
- 12.2.2000: Mit 50 3648 und 3501 zur Bob-WM (Förderverein)
- 10./11.6.2000: Bahnhofsfest in Altenberg anläßlich „110 Jahre Müglitztalbahn" (u. a. Lokausstellung, Sonderfahrten und Fotogüterzug; organisiert vom Förderverein und dem SEM Chemnitz-Hilbersdorf)

Im Güterverkehr bergab

Dem hoffnungsvollen Umbruch in der DDR folgte die Ernüchterung. Mit der politisch gewollten Auflösung der Binnen- und Außenhandelsbetriebe entzog man vielen Produktionsstätten die Vertriebsbasis, abgesehen vom Zusammenbruch des Ostmarktes. Viele Betriebe arbeiteten zu aufwendig und somit unrentabel, andere unterlagen Rückerstattungsansprüchen von Alteigentümern, weitere wurden aufgekauft, um lästige Konkurrenz auszuschalten, und nur wenige überlebten oder gründeten sich neu. Transporte wurden zunehmend auf den Lkw verlagert und der Schienengüterverkehr versiegte.

1991 verkehrte nur werktags ein Nahgüterzugpaar bis Altenberg, zumeist mit höchstens drei Wagen Kohle. Das Altenberger Heizwerk erhielt am 6. Dezember 1991 seinen letzten Wagen Kohle, bevor es auf Ölfeuerung umgestellt wurde (seit November 1995 mit Erdgas beheizt). Ende 1991 fuhr man vom stillgelegten VEB Zinnerz Altenberg 26 Wagen mit Schrott und vier mit Recyclingmaterial ab. 1992 endete die Bedienung der Anschlußbahnen des Druckgußwerks Dohna, der Peschelmühle, der Maschinenfabrik Schlottwitz, der Papier- und Kartonagenfabrik Glashütte und des Sägewerks Bärenstein. Damals fuhr nur noch bedarfsweise an Mo–Fr ein Nahgüterzug bis Altenberg, doch war meistens nur ein Wagen nach Lauenstein oder Altenberg zu bringen, bis am 31. Mai 1993 der letzte Kohlewagen für die Genossenschaft am Streckenendpunkt eintraf. Wurden 1988 auf der Ladestraße und den Anschlußbahnen in Niederschlottwitz noch 1.640 Güterwagen entladen, so war es 1994, als dort am 2. August der letzte Wagen Kohle eintraf, noch knapp 1%, nämlich 12 Wagen pro Jahr.

Die DR folgte dem Beispiel der DB, ihren Anlagen den „Rationalisierten Zustand" (RZ) zugrundezulegen. Gleise waren durch Verschluß der Zugangsweiche, durch Aufstellen eines Schwellenkreuzes oder durch Ausschneiden eines Schienenstücks stillzulegen, aber nicht unbedingt abzubauen, wenn sie nicht mehr benötigt wurden (d. h. wenn sich dafür kein Besteller fand, der die Anlagenpreise als Nutzungsgebühr zahlte). 1993 baute man in Dohna und Niederschlottwitz, später auch in Bären- und Lauenstein, die Zugangsweichen zu den einst öffentlichen Ladestraßen aus. In Glashütte und Altenberg wurden die nicht mehr benötigten Laderampen stillgelegt. Im November und Dezember 1995 verschwanden in Geising die letzten beiden Weichen.

Den Ausbau der Anschlußweichen nahmen die Anschließer selbst vor, wie z. B. im August 1993 beim Heizwerk Altenberg, im Dezember 1994 an der Peschelmühle, im November 1995 bei der Maschinenfabrik Schlottwitz und im Juni 1998 bei der Raiffeisengenossenschaft. Beim Ausbau der Talstraße wurde im Mai 1996 das zur Papier- und Kartonagenfabrik Glashütte kreuzende Anschlußgleis demontiert. Die Weiche zum stillgelegten Anschluß des Sägewerks Bärenstein bescherte bis zum 20./21. Januar 1998 allen Zügen eine Langsamfahrstelle von 10 km/h. Bis Ende 1993 war der Bf (heute Hp) Burkhardswalde-Maxen als Kohleknoten noch in Betrieb. Mit Lokomotiven der BR 298 trafen vorwiegend mit Kohle beladene Eal-Wagen der Tschechischen Bahn (CD) ein. Noch 1994 kamen hier vereinzelt Güterwagen an. Im August und Oktober 1995 wurden hier und in Lauenstein umfangreiche Langholzladungen aus heimischen Wäldern nach Österreich verschickt.

Ab 1. Januar 1995 sah man (bis auf die Holzverladung) keinen Güterwagen mehr oberhalb von Köttewitz. Im Güterverkehr und durch den Rückbau der Infrastruktur war es bergab gegangen. Nur auf der Köttewitzer Anschlußbahn treffen heute noch Güterwagen ein, nämlich bei Bedarf an Mo–Fr zwei- bis dreimal pro Tag (1989 waren es noch täglich vier Fahrten). Am 5. September 1997 brachte die 204 626 neun offene Eas-Wagen nach Altenberg. Sie wurden dort mit Heu-Preßlingen für die Hochwassergeschädigten im Odergebiet beladen und drei Tage später von der 202 672 nach Pirna-Zehista und zusammen mit weiteren Heuwagen nach Wriezen überführt.

Trotz Taktfahrplan und 1. Klasse keine vollen Züge

Mit dem Niedergang der Betriebe im Müglitztal, im Industriegebiet Heidenau/Pirna und in Dresden nach der Wende wurde nicht nur dem Güterverkehr die Basis entzogen, auch die Zahl der Berufspendler ging rapide zurück. Der „Nachtbus" (der Schienenersatzverkehr an Mo–Fr spätabends von Altenberg nach Heidenau und nachts zurück) bestand ab 3. Juli 1973. Die Busse stellte überwiegend der VEB Kraftverkehr Pirna, mitunter auch der VEB Kraftverkehr Dresden. Der „Zugführer" des Busses 16790 übergab in Heidenau bei Dienstschluß dem Busfahrer die Schlüssel für Empfangsgebäude und Übernachtungsraum in Altenberg. Für den Bus 16787 nach Altenberg traf der neue „Zugführer" erst mit dem Anschlußzug von Dresden ein. Für die ständigen Nutzer des Nachtbusses (zumeist dieselben Arbeiter im Schichtdienst) war es beruhigend zu wissen, daß der Bus bei Verspätungen auf der Hauptbahn auf den Zugführer warten mußte. Man kannte sich und wußte, wer wo aussteigen mußte, auch wenn ihn der Schlaf übermannte. Angeregte Unterhaltung und leise Radiomusik ließen die fast familiären Fahrten nie langweilig werden. Nach dem 10. Dezember 1990, als man diese ohne Rücksicht auf die Arbeiter einstellte, verlor die Bahn weitere Fahrgäste.

Trotzdem blieb man bis zum 30. Mai 1992 bei der aus DDR-Zeiten stammenden Fahrplanstruktur. Das bedeutete nicht nur täglich vier Personenzüge bergauf und fünf zurück sowie werktags weitere drei bergauf und einen zurück, sondern auch den (noch) auf die Schichtwechsel in Glashütte ausgerichteten Berufsverkehr mit weiteren drei Zügen an Mo–Fr. Die Zusatzzüge an Wochenenden von Anfang Dezember bis Ende Februar behielt man bei guten Wintersportbedingungen bei – mit Ausnahme vom samstäglichen Sportzug Leipzig – Altenberg, der bis zum 2. März 1991 regelmäßig im Januar/Februar fuhr (auch wenn kein Schnee lag).

Zum 31. Mai 1992 wurden die Züge umnummeriert, weil sich die DR dem Zugnummernsystem der DB anpaßte. Der Richtungssinn blieb jedoch erhalten. Die bisher auf die Schichtwechsel von Glashütte ausgerichteten Züge entfielen, dagegen versuchte man, mit weiteren Zügen in beiden Richtungen ganztägig ein ausgeglichenes Zugangebot anzubieten. Waren es 1992/93 noch täglich acht/neun Züge (berg-/talwärts) sowie ein Zugpaar an Mo–Fr, erhöhte man 1993/94 das Angebot auf täglich neun Zugpaare plus ein werktägliches (ohne Wintersportzüge) und führte einen ungefähren 90-Min-Takt ein. Weiterhin blieben die Züge wegen der hohen Arbeitslosigkeit in diesem Gebiet und des ausbleibenden Fremdenverkehrs oftmals leer. Obwohl man ab Juni 1996 die modernisierten langen „Halberstädter" einsetzte, wurden die Züge nicht voller. Lediglich im Winter waren die Sportzüge bei guter Schneelage genügend ausgelastet. Einigen Zügen stellte man Packwagen zur Beförderung von Schneeschuhen, Snowboards und Schlitten bei.

Die nach wirtschaftlichen Grundsätzen arbeitende DB AG reagierte auf die leeren Züge und dünnte zum Juni 1997 den Fahrplan auf einen 2-Std-Takt aus, so daß täglich nur noch acht Zugpaare plus eines an Mo–Fr verkehrten. Allerdings vergaß man den Schülerverkehr zum Gymnasium in Altenberg. Um nicht weitere 200 Schüler als Fahrgäste zu verlieren, legte man ab 25. August 1997 (Schulbeginn) bei zwei Zügen in Niederschlottwitz eine längere

83

*Oben: Am 13.4.1998, einen Monat vor Beginn der grundlegenden Sanierung der ersten Teilstrecke, fuhr die 204 223 unterhalb vom Bärensteiner Schloß nach Altenberg.
Foto: Uwe Schmidt*

*Den Gleisbergtunnel zwischen Glashütte und Bärenhecke verläßt hier die 110 231 mit einem Personenzug nach Altenberg.
Foto: Carl-Ernst Zimmer*

Pause ein, was sich auf einen dritten auswirkte. Die Fahrgäste bevorzugen jetzt umsomehr ihr eigenes Auto.

Das weiter schwindende Fahrgastaufkommen – sowohl Berufspendler als auch Touristen – hatte Folgen. Immer mehr Fahrkartenausgaben blieben wegen mangelnden Zuspruchs unbesetzt (am 26. Februar 1996 schlossen jene in Glashütte und Altenberg). Der einzige Bahnhof, in dem man noch Fahrkarten erwerben kann, ist heute Lauenstein. Sonst erhält man sie beim Zugpersonal, das statt der Zettel- und Blankokarten mit Mobilen Terminals (MOT) ausgestattet ist. Mit diesen tragbaren Kleinstcomputern können rasch Fahrscheine für jegliche Verbindungen ausgedruckt werden, wobei Tarifentfernung und Fahrpreis automatisch ermittelt und die Einnahmen selbsttätig aufgerechnet werden.

Bei so schlechtem Service veröden die erst 1990 renovierten Empfangsgebäude. Besonders schlechte Beispiele sind die von Mühlbach, Dohna, Glashütte, Geising und Altenberg. Sie sind verschlossen, nicht mal eine Toilette ist geöffnet und Vandalismus breitet sich aus, zumal es seit dem 1. Juni 1996 keine Aufsichten mehr gibt. Die Stadt übernahm im November 1999 das Altenberger Empfangsgebäude, setzte es bis zum 26. Januar 2000 instand, öffnet es jetzt täglich von 7 bis 18 Uhr für Reisende und brachte darin das Fremdenverkehrsamt unter. 1999 renovierte die DB AG die Gebäude in Köttewitz, Oberschlottwitz und Bärenhecke-Johnsbach. Im Frühjahr 1996 wurde der erste Fahrkartenautomat in Dohna installiert. Entwerter für Fahrkarten findet man an allen Stationen, denn seit dem 24. Mai 1998 gilt der Tarif des Verkehrsverbunds Oberelbe (VVO), in den Busse und Bahnen einbezogen sind. Vor allem beim Benutzen mehrerer Verkehrsmittel wird das Fahren billiger. Je zwei Verbund-Fahrkartenautomaten stehen in Dohna, Glashütte und Altenberg, DB-gesamt-Automaten hingegen nur in Glashütte (in Altenberg war dafür im Juli 2000 ein Fundament fertig).

Im Erzgebirge ist wegen der Grenznähe der Bundesgrenzschutz präsent, der gerade auf die Bahnanlagen ein Auge geworfen hat. Am 7. September 1994 warteten gegen 4.30 Uhr einige illegal eingereiste Rumänen am Hp Bärenstein auf den Zug nach Dresden. Als sie von den mitfahrenden BGS-Beamten aufgegriffen wurden, kam es während der Fahrt zu Auseinandersetzungen. Als in Glashütte zwei Rumänen die Flucht ergriffen, gaben die Beamten Warnschüsse ab und die Zugführerin versteckte sich hinter Betonteilen auf dem Bahnsteig. Gleich danach ließ die Aufsicht den Zug ausfahren, ohne die Fertigmeldung der Zugführerin abzuwarten. In Oberschlottwitz wartete der Lokführer vergeblich auf den Abfahrauftrag der Zugführerin, die in Glashütte verblieben war. Der Fahrdienstleiter von Niederschlottwitz mußte sie nach Einfahrt des Gegenzuges mit seinem Pkw abholen, so daß sie mit 28 Minuten Verspätung ihren N 7532 in Oberschlottwitz abfahren lassen konnte.

Regionalisierung:
Leere Züge – leere Kassen

Die heutige Eisenbahn-Bau- und Betriebsordnung (EBO) fordert für alle Strecken, die keine technische Sicherung für Gegen- und Nachfahrten (Streckenblock) haben, bei Reisezügen oder Zügen mit mehr als 60 km/h Zugfunk. Die Stellwerke im Müglitztal hätten mit dem schon 1938 berücksichtigten Streckenblock nachgerüstet werden können. Billiger war es, wenn auch technisch nicht vollkommen, „Zugfunk auf Strecken mit einfachen betrieblichen Verhältnissen" (VZF 95) der Firma Bosch-Telecom bis zum 1. Januar 1996 zu installieren. Zunächst rüstete man die verbliebenen Fahrdienstleiter mit Antennen und Tisch-Bediengeräten für die Funkanlagen sowie je einem Sprachaufzeichnungsgerät aus (für max. 60 Minuten Sprechzeit).

Über die meist an den Stellwerken angebrachten Antennen kann sich der Fahrdienstleiter mit Lokführern, die sich in seinem Funkbereich befinden, über Funk verständigen. Dieser liegt etwa zwischen beiden Einfahrvorsignalen (bzw. Kreuztafeln) eines jeden Bahnhofs. Es besteht Wechselsprechen (d. h., es kann jeweils nur einer reden, während der andere für ein Senden gesperrt ist und daher zuhören muß). Alle Funkgespräche werden aufgezeichnet.

Noch Mitte 1995 schätzte die Zentrale der DB AG ein, daß der Güterverkehr im Müglitztal auf fünf Jahre hinaus bestehen bleiben würde, obwohl schon ab Herbst 1992 einige Anschlußgleise und Ladestraßen geschlossen waren. Am 15. November 1996 wandelte man den Kreuzungsbahnhof Burkhardswalde-Maxen in einen unbesetzten Haltepunkt mit Schrankenposten um (seit 2. September 1997 mit „zugbedienter" Schranke) und baute die Funkanlage aus. Um die Straße zu verbreitern und Abbiegespuren nach Burkhardswalde anlegen zu können, wurde das westliche Bahnhofsgleis und damit die Zugkreuzungsmöglichkeit geopfert. Weitere Arbeiten erfolgten u. a. vom 16. bis 27. Juli 1990 zwischen Lauenstein und Geising, vom 21. bis 27. Mai 1991 zwischen Glashütte und Bärenstein sowie Geising und Altenberg.

Mit achtstündigen Sperrpausen an Mo–Fr:
- 4.4.–4.6.1992: Heidenau – Niederschlottwitz und Glashütte – Lauenstein
- 5.5.–14.6.1993: In Burkhardswalde-Maxen, Dohna (hier auch Brückenauswechslung über Rietschkebach) und Niederschlottwitz sowie zwischen Lauenstein und Altenberg
- 1.–9.5.1994: Weesenstein – Burkhardswalde-Maxen

Mit Vollsperrung an Wochenenden und Sperrpausen an Mo–Fr:
- 20.9.–21.11.1995: In Glashütte sowie Geising – Altenberg (mit Vollsperrung ab 25.9.)
- 29.4.–11.5.1996: Geising – Altenberg im Nachteinsatz

Der Sanierungsbedarf lag 1997 bei 61 Mio. DM und umfaßte auch die Instandsetzung von Brücken, Tunneln, Stützmauern und Hangsicherungen (z. B. 1996 zwischen Dohna und Weesenstein). Dieser Wert lag trotz des Gebirgsbahncharakters mit starken Steigungen und engen Gleisradien im üblichen Rahmen und wurde mit Bundesmitteln bezuschußt.

Seit 1997 sind die Kommunen, Kreise und Länder für die Bestellung des Personennahverkehrs auf der Schiene zuständig. Die Müglitztalbahn gehört fatalerweise zwischen Heidenau und Mühlbach zum Landkreis Sächsische Schweiz, oberhalb jedoch zum Weißeritzkreis. Für beide ist die Bahn im Nahverkehr nur eine nicht oder nur wenig zu fördernde „Randerscheinung". Das Osterzgebirge ist zwar als Touristen- und Wintersportzentrum beliebt, aber es gibt kein übergreifendes und abgestimmtes Tourismuskonzept, das die hohe Arbeitslosigkeit senken könnte. Zwar wünscht man sich im Weißeritzkreis im Winter volle Reisezüge nach Altenberg, um Staus auf der B 170 und Parkplatzsorgen zu vermeiden, aber eine Bahn kann nicht nur für die kalte Jahreszeit erhalten werden. Mehr Verkehr, Berufspendler und Güter auf die Schiene zu bringen, bedarf verkehrspolitischer Entscheidungen, nicht nur des Bundestags, sondern auch der Länder und Kreise.

Eine verkehrspolitische und finanzielle Entscheidung merkwürdiger Art scheint der Freistaat Sachsen mit den für den regionalen Bahnverkehr bestimmten Bundesmitteln getroffen zu haben. Werden Bahnstrecken stillgelegt bzw. abbestellt und durch Buslinien ersetzt, erhält die Kommune die eine Hälfte, der Freistaat den Rest der eingesparten Finanzen als „Prämie". Das ist für die Kommunen geradezu ein Anreiz, möglichst viel Schienenverkehr loszuwerden.

Doch der Landesverkehrsminister hatte nicht mit dem Widerstand der Kommunen gerechnet, die auf die Müglitztalbahn nicht verzichten wollten. Immerhin erreicht diese mit 33% gegenüber anderen stillegungsgefährdeten Strecken einen recht hohen Kostendeckungsgrad. Mit einer Unterschriftenaktion erleichterte der (am 24. Januar 1998 gegründete) Förderverein für die Müglitztalbahn e.V. dem Zweckverband Verkehrsverbund Oberelbe (VVO) seine am 11. Dezember 1997 getroffene Entscheidung, die Bahn für weitere 20 Jahre bei der DB AG zu bestellen. Nun knüpft man hohe Erwartungen an den Verkehrsverbund, der nicht nur für das Bestellen, sondern auch für das Koordinieren der Verkehrsleistungen zuständig ist. Auch will er nach Indienststellung der neuen Triebwagen den Parallelverkehr abschaffen. Landkreise und Kommunen müssen beim VVO einen attraktiven Fahrplan mit guten Anschlüssen zu Bussen der verschiedenen Richtungen bestellen, der nicht nur die Wünsche der Fahrgäste weitgehend erfüllt, sondern auch Autofahrer – besonders Touristen – anreizt, die Bahn zu benutzen. Das könnten z. B. Paketlösungen sein: Mit der Fahrkarte wäre der Skipaß, ein evtl. Bustransfer zu Skiliften und auch die Eintrittskarte zu Sportveranstaltungen verbunden.

Am 24.5.2000 absolvierte ein 642er eine erste Probefahrt nach Altenberg. Hier wartet er am Blocksignal von Niederschlottwitz auf die Weiterfahrt. Im Juli 2000 übernahmen die Neubautriebwagen zur Personalschulung zwei Wochen lang zwei tägliche Planzugpaare im Müglitztal.
Unten: Am 24. Mai mußte der 642er in Glashütte auch das „Wegsetzen" üben, da nur hier eine Zugkreuzung noch möglich ist. Die 202 550 wurde vier Tage später abgestellt.   Fotos: Ulf Neumann

Im Sommer 1999 wurde die Müglitztalbahn gründlich saniert und für eine Höchstgeschwindigkeit von 70 km/h ausgebaut. Aufgrund unvorhergesehener Probleme beim Bauablauf mußten die Firmen teilweise auch am Wochenende arbeiten. Am 10. Juli wurden bei km 19,6 (oberhalb von Glashütte) bereits die neuen Gleisjoche auf dem vorbereiteten und verdichteten Schotterbett verlegt.
Foto: Jörg Köhler

Die Zeit des Abwartens über den Fortbestand der Müglitztalbahn gab 1998 den Anlaß, die Strecke zweimal zur Sanierung zu sperren, und zwar vom 8. Mai bis 4. Juli sowie vom 12. Oktober bis 20. November 1998 (mit nächtlichen Sperrpausen noch bis 23. Dezember). Anfang 1999 liefen die Arbeiten (z. B. Schwellen auswechseln, Entwässerungskanäle erneuern, Hangsicherungen) nachts weiter. Angesichts der Bestellgarantie und der zu erwartenden Fördermittel des Landes begann die DB Netz, den einstmals stillegungsgefährdeten Schienenverkehr aufzuwerten. Man erinnerte sich an die zur Eröffnung der Normalspurbahn fast durchgehende Höchstgeschwindigkeit von 70 km/h. Da der Güterverkehr nur noch den unteren Streckenteil betrifft, konnten Bahnhöfe entfallen und viele Gleise aufgegeben sowie der Betrieb rationeller und personalsparender gestaltet werden. Mit neuen Triebwagen kann man außerhalb des Sportverkehrs auf einen Zugführer verzichten.

Am 17. Mai 1999 begann nach nur achtmonatiger Planungszeit die bislang umfassendste Sanierung der Müglitztalbahn seit ihrer Eröffnung 1938, aber auch der Rückbau von entbehrlichen Gleisen. Als Kreuzungsbahnhof verblieb Glashütte mit beiden Bahnsteiggleisen und dem nur bergseitig angebundenen Gleis 3. Im Endpunkt Altenberg sind die stumpf endenden Bahnsteiggleise 1 und 7 sowie das Bahnsteiggleis 3 mit dem Lokumsetzgleis noch erhalten. Alle anderen Gleise – auch die zum Lokschuppen – wurden abgebaut. Die Bahnhöfe Dohna, Niederschlottwitz und Lauenstein verblieben zunächst als wärterbediente Blockstellen mit mechanischen Schranken, bis auch dort die Technik den Menschen ersetzt. In Dohna ist das zweite Bahnsteiggleis nur talseitig angebunden, damit Übergabezüge zum Gbf Köttewitz mit Regionalbahnzügen kreuzen können. Dank der Blockstellen können im Winter zusätzliche Sportzüge verkehren, jedoch muß der Gegenzug mangels Kreuzungsmöglichkeiten entfallen. In Bärenstein sind das zweite Bahnsteig- und das Ladegleis zwar noch vorhanden, aber nicht mehr mit dem Streckengleis verbunden. Im 1999 von der Stadt Bärenstein erworbenen Empfangsgebäude will der Förderverein für die Müglitztalbahn mit einer Dauerausstellung über die Geschichte der Bahn informieren und die verbliebenen Gleise nutzen.

Dohna und Glashütte erhielten statt der Form- nun Lichtsignale. Auch die Altenberger Lichtsignale wechselte man aus. Die Blockstellen Niederschlottwitz und Lauenstein verfügen weiterhin über Formsignale. Den Bremsweg und damit den Vorsignalabstand erhöhte man auf die früheren 700 m. Am 8. Oktober 1999 konnte die generalüberholte Müglitztalbahn nach rund fünf Monaten Umbauzeit wieder in Betrieb gehen.

Bis zum Eintreffen der neuen Triebwagen der Baureihe 642.0/5 (Regio-Sprinter II) fuhren weiterhin lokbespannte Züge im bisherigen Fahrplan. Im Sommer 2000 beginnt (nach Probefahrten am 24. Mai und im Juli 2000) der Einsatz der Triebwagen und damit ein neuer Fahrplan: An Mo–Fr (ausgenommen vormittags und spätabends) gilt ein Stundentakt und am Wochenende ein Zweistundentakt. Die neuen Züge benötigen bergauf 55 und talwärts 51 Minuten und sind damit nur eine Minute schneller. Weil auf durchfahrende Züge nach/von Dresden verzichtet wird, ist der Fahrgast gar länger als früher unterwegs.

Für die Zukunft ist geplant, auf der Müglitztalbahn den „Funkbasierten Fahrbetrieb" (FFB) einzuführen. Dabei kommunizieren der Fahrzeug- (mit seinen peripheren Geräten) mit dem Fahrwegrechner in der FFB-Zentrale (mit seiner Bedienoberfläche) bzw. mit den veränderlichen Fahrwegelementen (Weichen, Bahnübergangssicherungsanlagen, evtl. Bahnsteigzugänge) über das GSM-R-Funksystem (= Global System for Mobile Communication – Rail). Mit diesem öffentlichen, digitalen und den Bahnbedingungen angepaßten Mobilfunk lassen sich nicht nur teure Kabelwege einsparen, sondern auch der Zug- und Rangierfunk abwickeln sowie z. B. Fahrplaninformationen für die Reisenden und auch die Daten für die elektronischen Buchfahrpläne in den Triebfahrzeugen übermitteln.

Die Müglitztalbahn ist damit für die kommenden Jahre für den Regionalverkehr gerüstet. Man verzichtete auf einen künftigen Güterverkehr auf dem oberen Streckenabschnitt, doch könnte dieser an Bedeutung gewinnen, falls Baustoffe für das in Lauenstein seit etwa 100 Jahren geplante und seit dem 29. Juli 1999 im Bau befindliche Rückhaltebecken per Bahn angeliefert werden. Kann dieser künstliche See nicht nur dem Hochwasserschutz, sondern auch dem Wassersport und Camping (als Ersatz für die Galgenteiche in Altenberg) gewidmet werden, so ist uns um die Zukunft der Müglitztalbahn im Winter wie auch im Sommer nicht bange.

Der Förderverein für die Müglitztalbahn e.V.
(Jörg Köhler)

Im Herbst 1997, als offen über die Stillegung der Müglitztalbahn diskutiert wurde, starteten einige Eisenbahnfreunde eine Unterschriftenaktion für den Erhalt der Bahn. Innerhalb von drei Wochen sammelten sie 8.000 Unterschriften und übergaben sie dem Verkehrsverbund Oberelbe (VVO), um ihm die Entscheidung für den Erhalt der Strecke und Abgabe einer langfristigen Bestellgarantie zu erleichtern. Am 24. Januar 1998 gründeten sie den Förderverein für die Müglitztalbahn e.V., um verstärkt auf die Entwicklung der Strecke Einfluß zu nehmen. Der Verein will vor allem zwischen den Wünschen der Fahrgäste und den Interessen von VVO und DB AG vermitteln sowie ein kundenbezogenes Fahrplanangebot erreichen.

Die Wünsche der Bahnkunden, eine umsteigefreie Verbindung nach Dresden Hbf für alle Züge wieder einzuführen, stößt noch auf großen Wiederstand. Dabei wäre gerade dies ein Garant für mehr Fahrgäste in Richtung Altenberg, zumal die Müglitztalbahn nach dem Entfall des Berufsverkehrs verstärkt dem Ausflugsverkehr dienen muß. Hier sind die Kommunen und Landräte gefordert, mehr Druck auf den VVO auszuüben und den Förderverein zu unterstützen.

Die Müglitztalbahn mit ihrer landschaftlich reizvollen Streckenführung und besonderen Geschichte verbindet die Touristenattraktionen im Tal miteinander. Ihr kommt somit eine wichtige Rolle in der künftigen Entwicklung der Region zu, die heute weitgehend vom Fremdenverkehr lebt. Hierin liegt ein weiterer Schwerpunkt der Vereinsarbeit – die Erschließung des touristischen Potentials der Müglitztalbahn und ihrer Geschichte. Es gilt ein Gesamtkonzept zu entwickeln, bei dem die touristischen Einrichtungen und die Kommunen kooperieren. Als ersten Schritt in diese Richtung organisiert der Verein seit 1999 regelmäßig Dampfsonderfahrten, die sich steigenden Zuspruchs erfreuen.

Während des Dresdener Dampflokfestes und zugleich zum 60. Jahrestag des durchgehenden normalspurigen Zugverkehrs auf der Müglitztalbahn veranstaltete der Förderverein im Mai 1999 mit der 50 3648 des Sächsischen Eisenbahnmuseums Chemnitz-Hilbersdorf einige Sonderfahrten (Altenberg, 16.5.1999).
Foto: Ludger Kenning

1998 entdeckten Eisenbahnfreunde in der Tschechischen Republik den letzten Wagen der Bauart „Altenberg". Der Verein bemühte sich sogleich, dieses wertvolle Exemplar zu retten, zumal der letzte bis dahin bekannte noch existierende Wagen 1992 verschrottet worden war. Fast zwei Jahre währten die Verhandlungen und die Bewältigung organisatorischer Probleme, bis der Wagen am 18. Mai 2000 nach Deutschland zurückgeholt werden konnte. Nun begann die Sanierung, die noch viel Kraft und Geld erfordern wird. Anschließend soll der Wagen am ehemaligen Bahnhof Bärenstein ausgestellt werden.

Dort errichtet der Verein mit städtischer Unterstützung ein Vereins- und Begegnungszentrum. Das seit 1999 der Stadt gehörende Empfangsgebäude wird originalgetreu restauriert und weitgehend in den Zustand von 1939 rückversetzt. Die Gäste werden bald einen typischen Bahnhof der Müglitztalbahn zur Zeit der Eröffnung der Normalspurstrecke erleben können. Eine Modellbahn in Spur 0e vermittelt einen Eindruck von den vielen Anschlußbahnen zur Schmalspurzeit. Im Dienstraum wird der Arbeitsplatz des Bahnhofspersonals mitsamt Stellwerk sowie auf den Außenanlagen historische Wagen gezeigt.

Am 18.5.2000 verlud der Förderverein im tschechischen Zlonice den wohl letzten erhaltenen Altenberger Mitteleinstiegswagen und überführte ihn nach Görlitz, wo der Wagen nun auf die Restaurierung wartet.
Foto: Jörg Köhler

Eisenbahn- und Straßenbahnbücher aus dem Verlag Kenning

Borkener Hof 1, D-48527 Nordhorn, Tel. 05921 76996, Fax 77958
http://www.verlag-kenning.de   e-mail: kenning@firemail.de

Bahn-Nostalgie Deutschland 2000
288 S. 13/21 cm kart., 212 Fotos, DM 29,80

Bahnen in Österreich 2000
224 S. 13/21 cm kart., 199 Fotos, DM 29,80

Jahrbuch Schienenverkehr 18/19
ca. 256 S. 17/24 cm kart., ca. DM 49,80 (i.V.)

Die Nebenbahn Klotzsche – Königsbrück – Straßgräbchen-Bernsdorf
80 S. 21/30 cm geb., 207 Abb., DM 39,80

Sekundärbahnen Pirna – Großcotta/Gottleuba
96 S. 21/21 cm geb., 139 Abb., DM 29,80

Die Nebenbahn Niederwiesa – Roßwein
ca. 112 S. 21/30 cm geb., ca. DM 48,– (i.V.)

Nebenbahnen um Wüstenbrand
96 S. 21/21 cm geb., 177 Abb., DM 29,80

Die Schmalspurbahn Wolkenstein – Jöhstadt
112 S. 21/30 cm geb., 235 Abb., DM 39,80

Schmalspurbahn Cranzahl – Oberwiesenthal
128 S. 21/30 cm geb., 205 Abb., DM 48,–

Schmalspurbahn Grünstädtel – Oberrittersgrün
112 S. 21/30 cm geb., 220 Abb., DM 39,80 (i.V.)

Die Klingenthaler Schmalspurbahn
96 S. 21/21 cm geb., 110 Abb., DM 29,80 (i.V.)

Von Wilkau-Haßlau nach Carlsfeld
ca. 144 S. 21/30 cm geb., ca. DM 49,80 (i.V.)

Niederpöllnitz – Münchenbernsdorf
84 S. 21/21 cm geb., 130 Abb., DM 29,80

Nebenbahn Naumburg – Teuchern
72 S. 21/21 cm geb., 112 Abb., DM 29,80

Die Wismut-Bahn um Ronneburg
84 S. 21/21 cm geb., 108 Abb., DM 26,80

Schmalspurbahn Bad Doberan – Kühlungsborn
96 S. 21/30 cm geb., 204 Abb., DM 44,–

Kleinbahnen im Altkreis Greifswald
184 S. 21/30 cm geb., 493 Abb., DM 59,–

Die Usedomer Bäderbahn
ca. 120 S. 21/21 cm geb., ca. DM 39,80 (i.V.)

Die Eckernförder Kreisbahnen
112 S. 21/30 cm geb., 255 Abb., DM 48,–

Die Juister Inselbahn
108 S. 21/21 cm geb., 195 Abb., DM 36,–

Die Wangerooger Inselbahn
120 S. 21/21 cm geb., 266 Abb., DM 34,80

Die Spiekerooger Inselbahn
ca. 84 S. 21/21 cm geb., DM 29,80 (i.V.)

Die Butjadinger Bahn
120 S. 21/21 cm geb., 163 Abb., DM 36,–

Vom Kleinbahnnetz zu den Osthannoverschen Eisenbahnen
216 S. 21/30 cm geb., 558 Abb., DM 69,80

Die Cloppenburger Kreisbahn
72 S. 21/21 cm geb., 120 Abb., DM 29,80

Die Hümmlinger Kreisbahn
132 S. 21/21 cm geb., 265 Abb., DM 39,80

Die Delmenhorst-Harpstedter Eisenbahn
ca. 96 S. 21/21 cm geb., DM 29,80 (i.V.)

Die Teutoburger Wald-Eisenbahn
144 S. 21/30 cm geb., 290 Abb., DM 54,–

Die Marburger Kreisbahn
72 S. 21/21 cm geb., 141 Abb., DM 29,80

Schmalspurbahn Philippsheim – Binsfeld
60 S. 21/21 cm geb., 106 Abb., DM 26,80

Die Drachenfelsbahn
ca. 84 S. 21/21 cm geb., ca. DM 29,80 (i.V.)

Kleinbahn Gittelde – Bad Grund
ca. 72 S. 21/21 cm geb., ca. DM 29,80 (i.V.)

Die Moselbahn Trier – Bullay
ca. 144 S. 21/30 cm geb., ca. DM 48,– (i.V.)

Die Bahnen der Stadt Monheim
ca. 96 S. 17/24 cm geb., ca. DM 29,80 (i.V.)

Die Lokalbahn Müllheim – Badenweiler
ca. 96 S. 21/21 cm geb., ca. DM 29,80 (i.V.)

Eisenbahnkreuz Wasserburg am Inn
ca. 96 S. 21/21 cm geb., ca. DM 29,80 (i.V.)

Eisenbahnen im Münsterland
ca. 144 S. 21/30 cm geb., ca. DM 49,80 (i.V.)

Die Hannover-Altenbekener Eisenbahn
ca. 144 S. 21/30 cm geb., ca. DM 59,– (i.V.)

Die Nebenbahn Eichstätt – Beilngries
108 S. 21/21 cm geb., 154 Abb., DM 29,80

Grubenbahn des Salzbergwerks Hallein
64 S. 17/24 cm kart., 90 Abb., DM 19,80

Die schweren WUMAG-Triebwagen
96 S. 21/21 cm geb., 173 Abb. DM 29,80

Straßenbahnen in Wuppertal
288 S. 21/30 cm geb., 690 Abb., DM 78,–

Stadtverkehr in Nürnberg
ca. 256 S. 21/30 cm geb., ca. DM 78,– (i.V.)

Der Bielefelder Stadtverkehr und seine Fahrzeuge
ca. 144 S. 21/30 cm geb., ca. DM 49,80 (i.V.)

Haspe – Voerde – Breckerfeld
80 S. 17/24 cm geb., 130 Abb., DM 29,80

Straßenbahn in Mühlhausen (Thüringen)
96 S. 17/24 cm geb., 89 Abb., DM 34,80

Quellenverzeichnis

– Bloss: „Der Ringfeder-Schienenpuffer", aus „Organ für die Fortschritte des Eisenbahnwesens" (OfdFdE) 16/1939
– Dähnick: „Die neuen Personenwagen der umgebauten Müglitztalbahn", aus OfdFdE 10/1939
– Frohne: „Die sächsischen Schmalspurbahnen" und „Die Grundlagen für den vollspurigen Ausbau der Schmalspurlinie Heidenau – Altenberg", jeweils aus OfdFdE 8-9/1939
– G. Hauschild: „Der Triebfahrzeugeinsatz auf der Müglitztalbahn", unveröffentlichte Dokumentation 1982
– Hildebrand: „Die Tunnelbauten der neuen Vollspurlinie Heidenau – Altenberg", aus OfdFdE 8-9/1939
– E. Hoch: „Reisezugwagen fern der Heimat", aus Eisenbahn-Magazin 10/1982
– H. Koitzsch, P. Reichler, R. Buschan: „Die Müglitztalbahn", 2. überarb. Auflage 1989
– Kollmar: „Die Brücken der Linie Heidenau – Altenberg", aus OfdFdE 10/1939
– B. Kuhlmann, U. Person: „Die Baureihe 84", aus Verkehrsgeschichtliche Blätter 6/1980
– B. Kuhlmann: „Zur Betriebsgeschichte der BR 84", aus Verkehrsgeschichtliche Blätter 5/1983
– B. Kuhlmann: „Die Mitteleinstiegwagen der Bauart Heidenau-Altenberg", aus Verkehrsgeschichtliche Blätter 1/1985
– B. Kuhlmann: „Ergänzung zur Müglitztalbahn", aus Modelleisenbahner 7/1971
– R. Ostendorf: „Die Baureihe 84 und ihre Schwesterbauarten", aus Eisenbahn-Magazin 11/1979
– Potthoff: „Bau und Betrieb beim vollspurigen Ausbau der Linie Heidenau – Altenberg", aus OfdFdE 1939
– R. Preuß: „Die Müglitztalbahn", transpress-Verlag, Berlin 1985
– H.W. Scharf, H. Wenzel: „Lokomotiven für die Reichsbahn", EK-Verlag, Freiburg 1996
– H.J. Simon: „Ein Beitrag zur Geschichte der Dampfzugförderung auf der normalspurigen Müglitztalbahn Heidenau – Altenberg", aus Modelleisenbahner 4/1971
– F. Spranger: „Die Müglitztalbahn", aus Modelleisenbahner 4/1960
– Spröggel: „Hochbauten der Linie Heidenau – Altenberg", aus OfdFdE 10/1939
– K. Uhlemann: „Die Reisezugwagen der Müglitztalbahn BC4i und C4itr", aus Modelleisenbahner 10/1968
– M. Weisbrod, H. Müller, W. Petznick: „Dampflok-Archiv 3, Baureihen 60–96", transpress-Verlag, Berlin 1971
– H. Wenzel: „Seit 30 Jahren vergessen: Reihe 84", aus Eisenbahnkurier 1/1991
– Ziem: „Die Lokomotiven für Heidenau – Altenberg", aus OfdFdE 10/1939
– Betriebsbücher der Lokomotiven 84 001 – 012, aus Archiv der Rbd Dresden
– Angaben von Herrn Illner, dem Leiter der Abnahme-Inspektion Wagen (AIW) im Raw Delitzsch des Bww Halle (S) vom Oktober 1982 zu Reisezugwagen vom Typ E 1

Danke !

Allen, die zum Erscheinen dieses Buches beigetragen haben, danken wir ganz herzlich – besonders den Herren Günter Börner, Tino Eisenkolb, Heinz Finzel, Paul Häschel, Günter Hauschild, Rainer Heinrich, Evert Heusinkveld, Jörg Köhler, Dietrich Kutschik, Albert Liebscher, Günter Meyer, Heinz Schwarzer, Hans-Joachim Simon, Johannes Tutschke und Carl Ernst Zimmer sowie dem ehem. Archiv und der ehem. Bildstelle der Rbd Dresden.